Evoluir
é simples,
nós é que
complicamos

Evoluir é simples, nós é que complicamos

Copyright by © Petit Editora e Distribuidora Ltda., 2014
7-11-18-2.000-12.400

Direção editorial: **Ronaldo A. Sperdutti**
Capa, projeto gráfico e editoração: **Estúdio Design do Livro**
Imagens da capa: **Rclassenlayouts | iStockphoto
Prettyzhizhi | iStockphoto**
Produtor gráfico: **Vitor Alcalde L. Machado**
Preparação: **Fernanda Umile**
Revisão: **Erika Alonso**
Impressão: **Rettec**

**Ficha catalográfica elaborada por
Lucilene Bernardes Longo – CRB-8/2082**

Quesada, Manolo.
  Evoluir é simples, nós é que complicamos / Manolo
Quesada. – São Paulo : Petit, 2015.
  184 p.

  ISBN 978-85-7253-286-0

  1. Espiritismo   2. Evolução espiritual   I. Título.

  CDD: 133.9

Direitos autorais reservados.
É proibida a reprodução total ou parcial, de qualquer forma
ou por qualquer meio, salvo com autorização da Editora.
(Lei nº 9.610, de 19 de fevereiro de 1998)
Traduções somente com autorização por escrito da Editora.

Prezado(a) leitor(a),

Caso encontre neste livro alguma parte que acredita que vai interessar
ou mesmo ajudar outras pessoas e decida distribuí-la por meio da
internet ou outro meio, nunca deixe de mencionar a fonte, pois
assim estará preservando os direitos do autor e, consequentemente,
contribuindo para uma ótima divulgação do livro.

Manolo Quesada

Evoluir
é simples, nós é que complicamos

O que você precisa aprender para
se tornar uma pessoa melhor

Rua dos Ingleses, 150 – Morro dos Ingleses
CEP 01329-000 – São Paulo – SP
Fone: (0xx11) 2684-6000
www.petit.com.br | petit@petit.com.br

Dedicatória

Aos que me acompanham nesta reencarnação... os do lado de cá e os do lado de lá, pelo exercício constante que fazem para me compreender e, ao mesmo tempo, para me proporcionar os exercícios dos quais eu preciso.

Quem sabe, ao final desta reencarnação, estejamos melhores e mais dispostos à compreensão de que, realmente, somos todos diferentes e que, exatamente por isso, precisamos nos compreender e, principalmente, aprender uns com os outros.

Agradecimentos

Agradeço à minha família. Realmente, eu acertei na mosca quando me associei a eles nesta nossa existência.

Em especial, agradeço à Marli, companheira de todos os momentos.

Prudência

*Todo aquele que ouve estas minhas palavras e as pra-
tica será comparado a um homem prudente, que cons-
truiu a sua casa sobre a rocha.* (Mateus 7:24)

Prudência é artigo de primeira necessidade durante uma reencarnação, e Jesus não deixa por menos, principalmente porque, quando reencarnamos,
temos como principal característica o esquecimento
do que fizemos anteriormente.

Quando falamos **esquecimento**, dizemos esquecimento parcial, dos detalhes, das coisas como foram, mas levamos dentro de nós as impressões sobre
tudo o que vivemos anteriormente e é por isso que
carregamos muita mágoa, muitos ressentimentos e
também não gostamos de algumas pessoas logo que
as vemos.

É justamente por isso que nós esquecemos, ficamos sem saber quem é, mas sentimos quando elas chegam e é aí que podemos colocar em nossa vida o conselho de Jesus, que pede para que sejamos prudentes como o homem que constrói a casa na rocha, pois uma casa para sobreviver tem que ter uma boa estrutura de alicerce, tem que ter paredes construídas com materiais muito bons e, enfim, uma cobertura que a proteja das chuvas e das intempéries.

Assim também nós, em nossa caminhada; se não usarmos de prudência, se não tivermos o cuidado necessário a cada passo, a cada momento de nossa vida, provavelmente incorreremos em erros já cometidos em outras encarnações, e é justamente isso que nos atrasa.

A prudência é que nos fará reconhecer nossos desafetos e envolvê-los em olhares diferentes para que, dessa forma, tenhamos resultados diferentes.

Claro que nem todas as dificuldades que aparecem em nossa vida são de fácil solução, mas o que nos coloca de frente com a vida são justamente esses desafios, para que nós, usando todo esse material fornecido por Jesus, o nosso Mestre, consigamos caminhar, se não a passos largos, pelo menos a passos firmes e decididos para a nossa destinação final.

Amigos durante a nossa caminhada não nos faltam. Se possuímos desafetos, também temos os nossos afetos; e são desses companheiros de viagem que devemos nos aproximar para que, no momento de nossas dúvidas, possamos procurar auxílio e guarida para o socorro necessário e eficaz.

A caminhada realmente é longa, afinal de contas, o processo evolutivo não é nada fácil, mas é possível, porque Deus nos garante que chegaremos a espíritos puros e não há como duvidar das palavras desse Deus de amor, que nos cria já perfeitos e que nos dá todas as oportunidades que necessitamos para descobrir dentro de nós toda a luz que precisamos para caminhar um pouquinho mais à vontade.

Graças a Deus.

(UM ESPÍRITO AMIGO —
*Mensagem psicofônica recebida
no dia 13/3/2013.*)

Olá a todos!

Com muito prazer e alegria voltamos a esta casa amiga, para oferecermos o nosso contentamento e alegria por mais esta oportunidade.

Esperamos que o conteúdo deste livro possa servir de incentivo a tantos espíritos que, mesmo sem o saberem, chegarão aonde tem de chegar.

Não precisamos de grandes tratados, precisamos simplesmente de ação.

Ação que se traduzirá em benefício para os que agem e para os que recebem os benefícios, ou seja, todos.

Nossa evolução é determinada por nós mesmos, mas Deus, em sua infinita bondade, nos coloca ao lado de tantos outros para que possamos amenizar nossa caminhada e, ao mesmo tempo, oferecer o sol e a sombra dos nossos momentos.

MANOLO QUESADA

A sombra para os que se aproveitam dos bons momentos para refrigerar a alma, e o sol para o aquecimento necessário na retomada da caminhada.

Que ao lerem, reflitam e coloquem de maneira simples e contínua os exercícios propostos.

Ao final da jornada, sabe-se lá quando, nos encontraremos frente a frente com a constatação de que, realmente, *evoluir é simples, nós é que complicamos*.

(ENOQUE —
*Mensagem recebida
em 4/1/2015.*)

Sumário

INTRODUÇÃO, 19

CAPÍTULO 1: FASES DA EVOLUÇÃO, 25

1.1 Do átomo ao arcanjo, 33

1.2 Diversos mundos habitados, 41

1.3 Acelerar é preciso, 47

CAPÍTULO 2: AS POTÊNCIAS DA ALMA, 51

2.1 Vontade, 55

2.2 Consciência, 59

2.3 Livre-arbítrio, 63

2.4 Pensamento, 67

2.5 Dor, 71

MANOLO QUESADA

CAPÍTULO 3: SUPERANDO DESAFIOS, 73

3.1 Orgulho e suas faces, 79

3.2 Vaidade e Egoísmo, 87

CAPÍTULO 4: DESTINAÇÃO FINAL, 91

4.1 Amar a Deus, 95

4.2 Amar ao próximo, 99

4.3 Otimizando o aprendizado, 101

CAPÍTULO 5: AFETIVIDADE, 105

5.1 Moisés e Deus, 109

5.2 Jesus e Deus, 115

5.3 Exercício e mudança, 121

CAPÍTULO 6: ALTERIDADE, 125

6.1 A criação mosaica, 131

6.2 Diferenças e igualdade, 135

CAPÍTULO 7: HUMILDADE, 141

7.1 Autoconhecimento, 147

7.2 Eternos aprendizes, 149

CAPÍTULO 8: CONTENTAMENTO, 151

8.1 O que dá pra rir dá pra chorar, 155

8.2 Espíritos imortais, 159

8.3 Ver com bons olhos, 163

CAPÍTULO 9: EQUILÍBRIO, 167

9.1 Equilíbrio e afetividade, 171

9.2 Equilíbrio e alteridade, 173

9.3 Equilíbrio e humildade, 175

9.4 Equilíbrio e contentamento, 177

CONCLUSÃO, 179

Introdução

Neste livro falaremos sobre evolução, mas de forma simples, para que possamos entender que o evoluir é para todos. Todos nós evoluímos a cada reencarnação que obtemos. É necessário que tenhamos algumas coisas em mente, pois não conseguiremos sair de um planeta de provas e expiações como um espírito puro, visto que esse *status* é a nossa destinação final e, convenhamos, ainda estamos no segundo estágio evolutivo de nossa caminhada, o que quer dizer que temos muito a aprender.

Entendamos que passamos por diversas fases, todas necessárias, pois precisamos aproveitar todas as oportunidades para efetivar em nós todas as coisas que já temos e que ainda não descobrimos.

Isso quer dizer que já somos perfeitos, pois Deus não faz nada imperfeito, senão deixaria de ser Deus. A qualidade de Deus que nos garante isso é a sua infalibilidade, pois se ele falhasse deixaria de ser Deus, o que nos igualaria a ele.

Apesar de sermos criados com todo o potencial dentro de nós, é necessário que tenhamos o entendimento de que essa conquista é nossa, pois Deus não nos cria simplesmente para que o adoremos, mas para que tenhamos experiências que nos mostrem que podemos melhorar um pouco a cada dia. A cada nova conquista, vamos sentindo em nós o contentamento da descoberta em nós mesmos de um ser melhor, de um ser com qualidades, que não víamos anteriormente.

Essa visão, aliada à nossa vontade e determinação, faz com que queiramos mais, pois nos sentimos bem com o que conquistamos e vamos à busca de mais e mais.

Deixemos claro que isso tudo demanda tempo, nada tendo que ver com milagres. Essa conquista é fruto de trabalho e dedicação.

O fato de Jesus nos ter dito que precisamos brilhar nossa luz já é um grande indicativo de que tudo o que seremos já o temos dentro de nós e que esse "brilhar nossa luz" nada mais é do que exercitar as conquistas que já efetivamos para que elas aumentem e que consigamos alcançar um raio de iluminação maior a cada momento.

Portanto, encaremos a atual encarnação como a mais importante de nossa existência e caminhemos cada vez mais rapidamente e com melhor qualidade de passadas, alicerçada nas conquistas que já fizemos e com a certeza de que, a cada passo dado, estaremos mais perto de nosso destino final.

ESPÍRITO PURO

Jesus nos disse que somos capazes de realizarmos tudo isso e muito mais...

> *Respondeu-lhes Jesus: Não está escrito na vossa lei: Eu disse: Sois deuses?* (João 10:34)

> *Na verdade, na verdade vos digo que aquele que crê em mim também fará as obras que eu faço, e as fará maiores do que estas, porque eu vou para meu Pai.* (João 14:12)

Jesus nos lembra sobre o que já sabíamos, pois o esquecimento é uma constante em nossa vida, podemos até chamar esse esquecimento de preguiça mental. Automatizamos tanto o nosso corpo que temos a sensação que o pensamento também é automático. O pensamento em si é realmente automático, interminável, só o que precisamos fazer é pensar. É nisso que está a grande dificuldade; como ele acontece nós precisamos tomar cuidado com a qualidade do pensamento.

Se deixarmos os pensamentos acontecerem sem que tenhamos a vigilância constante sobre eles, poderão acontecer coisas das quais nos arrependeremos depois.

Esquecemos que Jesus já nos tinha dito que éramos deuses, e teve que nos lembrar. Se Ele não nos lembrasse desse fato, nós continuaríamos achando que não podemos nos superar e continuaríamos fazendo somente o mesmo, sem esforço nenhum para modificar e melhorar a nossa produção no bem.

Jesus também nos disse que faríamos tudo o que Ele faria, e não entendemos nada, pois nossa visão era muito curta, então foi preciso que Ele nos deixasse para que nos déssemos conta do quão grande somos.

Depois que Jesus partiu, todos os apóstolos se convenceram de que era preciso continuar praticando os exercícios que Ele propusera. Foi por essa persistência e confiança nas palavras de Jesus que conseguiram chegar até os dias de hoje como pessoas que compreenderam o que o Mestre lhes dissera e por isso cresceram, superando a si mesmos na fé, no amor a Deus e no amor ao próximo.

Capítulo 1
Fases da evolução

Tornou a entrar Pilatos no palácio, e chamou a Jesus, e disse: Tu és o rei dos judeus? Respondeu-lhe Jesus: O meu reino não é deste mundo; se o meu reino fosse deste mundo, certo que os meus ministros haveriam de pelejar para que eu não fosse entregue aos judeus; mas por agora o meu reino não é daqui. Disse então Pilatos: Logo, tu és rei? Respondeu Jesus: Tu o dizes. Eu sou rei. Eu não nasci nem vim a este mundo senão para dar testemunho da verdade; todo aquele que é da verdade ouve a minha voz. (João 18:33, 36 e 37)

[...] o Espiritismo veio completar nesse ponto, como em muitos outros, o ensinamento do Cristo, quando os homens já estavam maduros para compreender a verdade. Com o Espiritismo, a vida futura não é mais um simples artigo de fé, uma incerteza: é uma realidade

material demonstrada pelos fatos. São as testemunhas oculares que vêm descrevê-la em todas as suas fases e em todos os seus detalhes, de tal modo que não há mais possibilidade de dúvidas, e a mais simples das inteligências pode compreendê-la sob seu aspecto verdadeiro, tal como imaginamos um país do qual lemos apenas uma descrição detalhada. Assim é que essa descrição da vida futura é de tal maneira mostrada, são tão racionais as condições de existência feliz ou infeliz dos que lá se encontram, que reconhecemos não poder ser de outra forma e que, afinal, aí reside a verdadeira Justiça de Deus. (O Evangelho Segundo o Espiritismo, cap. 2, item 3.)

É impossível que consigamos fazer todo o trabalho evolutivo em algumas reencarnações. O mais lógico é que caminhemos aproveitando o que nos é oferecido em cada planeta para que possamos alicerçar nossas conquistas em bases sólidas e consistentes.

O que isso quer dizer?

Isso quer dizer que precisamos prestar mais atenção às coisas que nos foram deixadas por Jesus. Ele foi um dos primeiros a nos dizer, textualmente, que existem muitas moradas na casa do Pai.

Essas moradas são os diversos mundos habitados criados por Deus, para que pudéssemos, a cada novo degrau alcançado em nossa evolução, termos oportunidade de continuar a escalada, aproveitando tudo o que cada planeta possa nos oferecer.

Podemos comparar nossa evolução à caminhada da lagarta. Todos nós sabemos que uma lagarta incomoda muita gente... Todos os que têm prazer em cuidar de um jardim sabem os transtornos que esses bichinhos proporcionam.

O que precisamos entender é que tudo faz parte de um grande processo, pois a lagarta que come nossas plantas nada mais faz do que conseguir subsídios para que as próximas fases possam ser efetivadas.

Primeiro, ela come, come, come...

Ficamos perdidos, pois muitas vezes não conseguimos localizá-la, nossas plantas são quase devastadas por elas; de repente, elas param, as folhas não são mais incomodadas, parece que tudo volta à paz inicial.

Então, nos perguntamos: onde está a lagarta destruidora?

A resposta é bem simples, depois de ter comido bastante ela se instala num casulo, tecido com fios finíssimos e sustentados por pequenos pedaços de madeira, gravetos e outras tantas coisas que ela usa para ficar bem protegida.

Depois de instalada nesse casulo, ela começa a sua transformação... a sua metamorfose. A palavra aqui é bem essa: metamorfose. Ela mudará sua aparência, mudará seus órgãos, criará novas competências.

Tudo isso não acontece de uma hora para outra. Necessário é que o tempo aja, que ela efetue todo o planejamento biológico que está dentro dela.

Passado o tempo necessário, criados os novos órgãos que ela terá, é chegada a hora de alçar voo, para isso ela tem que deixar o casulo em que se encontra e isso só é conseguido à custa de muito esforço.

Entendamos que, para que ela possa sair do casulo, terá que passar por um buraco muito pequeno, necessitando que ela faça um esforço muito além do que ela estava acostumada a fazer, obrigando-a a sair de sua zona de conforto.

Esse esforço todo é necessário para que ela consiga chegar fora do casulo em condições ideais. Caso o buraco de saída fosse muito largo o que aconteceria? Simplesmente, ela chegaria ao final cheia de resíduos, isso impediria que suas asas delicadas conseguissem movimentar-se para que ela pudesse fazer o voo tão sonhado.

O buraco diminuto faz esse trabalho; impede que esses resíduos saiam com a borboleta, dessa forma suas asas ficam muito mais limpas e levemente úmidas, necessitando apenas de pequeno calor do sol para que fiquem em condições ideais para alçar o voo ansiosamente esperado.

Conosco, acontece algo muito semelhante, um dia todos nós abriremos nossas asas, deixaremos de ser lagartas para nos transformarmos em borboletas que voam pelo Universo criado por Deus.

Quando isso acontecer, teremos nos transformado em espíritos puros, seremos cocriadores em plano maior, isso equivale a dizer que deixaremos de modificar planetas para, em vez disso, criá-los, ou seja, já desenvolvemos nossas aptidões a ponto de ajudarmos Deus na cocriação do Universo.

Quando isso acontecerá? Depende única e exclusivamente de cada um de nós, depende da maneira como encaramos as dificuldades em nossas vidas. Podemos gastar o tempo de uma reencarnação reclamando e nos colocando contra todas as oportunidades de crescimento que a dor nos oferece, simplesmente sofrendo; ou podemos nos colocar a nosso favor entendendo que, assim como a lagarta sabe, as dificuldades nada mais são que oportunidades para que possamos desenvolver as nossas potencialidades em favor de nós mesmos para que caminhemos mais rápido para essa destinação final.

1.1 Do átomo ao arcanjo

540. [...] É assim que tudo serve, tudo se encaixa na natureza, desde o átomo primitivo até o arcanjo que começou pelo átomo; admirável lei de harmonia da qual vosso Espírito limitado ainda não pode entender o conjunto. (O Livro dos Espíritos)

No século 13 encontramos essa constatação poética de Jalalu Rumi, poeta islâmico: "Eu morri como um mineral e tornei-me planta, eu morri como uma planta e ascendi para o animal, eu morri como um animal e fui homem. Que receios devo eu ter? Quando ao morrer eu era inferior?".

Essas palavras nos dão a ideia de que a caminhada que desenvolvemos durante a existência se processa em diferentes reinos, do mineral ao humano, passando pelo reino vegetal e animal.

A questão do **ser** ou **estagiar** também é alvo de controvérsias. Isso não invalida a questão, seja olhada por um ou outro ângulo.

Aos que dizem que não passamos pelo reino mineral, fica a certeza de que não teríamos proveito nenhum em permanecer junto a um corpo sem vida e que somente os corpos orgânicos teriam condição de fazer o desenvolvimento do princípio inteligente.

Aos que dizem que sim, que passamos pelo reino mineral, fica a certeza de que ali aprendemos a manipular moléculas para tecer o nosso perispírito,[1] o que também é bastante razoável, pois recolhemos o perispírito no planeta onde encarnamos. Esse perispírito é atraído pelo pensamento por meio da afinidade, pois temos o perispírito de acordo com o estado evolutivo que temos e, à medida que evoluímos, vamos deixando-o mais etéreo e sutil.

Sobre a questão da evolução do princípio inteligente existe uma vasta literatura. Não caberia nos estendermos muito mais, pois o importante é que todos nós compreendamos que chegamos até onde estamos por meio de muito trabalho, muito aprendizado. Para

---

1. **Perispírito** é o corpo semimaterial que envolve o espírito servindo ainda de molde para o corpo material. Com esse corpo, o espírito interage com o corpo e com a matéria.

os que querem se aprofundar um pouco mais vale a pena consultar as obras indicadas ao final do livro.

Dúvidas à parte, o que nos interessa é que o espírito, desde antes da individualização, ainda princípio inteligente, avança, progride. Aqui cabe uma explicação simples: dois princípios constituem a criação, sendo um o material e o outro o espiritual. Do princípio material surgem todas as coisas tangíveis, materiais; enquanto do princípio espiritual surgem os espíritos, não tangíveis, chamados **princípio inteligente**, pois se diferenciam da matéria pelo pensamento. Essa transformação, de princípio inteligente a espírito, vai sendo efetivada à medida que as experiências são realizadas durante a sua trajetória existencial.

Esse progresso é constante, pois por menos que progridamos é inegável que, ao final de uma encarnação, estamos melhores do que quando a iniciamos. É essa lei que nos permite dizer da bondade divina, pois Deus não seria justo e bom se já criasse seus filhos destinados ao sofrimento eterno ou à felicidade eterna. Em que bases seriam feitas essas criações? Numa base injusta, pois nós, como Deus, somos, não gostamos da ideia do sofrimento eterno quanto mais Deus em pessoa. Ele não nos criaria dessa maneira tão desprezível.

Da mesma forma que não nos passa uma criatura criada para o bem simplesmente, sem nenhum esforço de sua parte, sem que tenha passado por experiências que o capacitariam para ser bom. Deus não nos tiraria o mérito pelo que somos, por isso é que somos todos criados da mesma maneira, simples e ignorantes.

A partir daí, começamos a nossa jornada, individualizados adquirimos a consciência e essa consciência vai balizando o nosso comportamento e nos mostrando o que acertamos e o que erramos.

À medida que caminhamos, vamos encontrando novas maneiras de fazer melhor e nos candidatando a mundos melhores, ou seja, no Universo não existem deserdados, tampouco privilegiados, nem anjos nem demônios.

O anjo iniciou sua caminhada como qualquer um de nós; portanto, também já teve seus dias de encarnado. Isso quer dizer que Deus nos cria para a angelitude, e uma das características dos seres angelicais é a felicidade. Os seres angélicos aprenderam a ser felizes; então, a grande pergunta que devemos fazer é: "Onde está essa tal felicidade?".

A resposta é bem simples, como tudo: a felicidade, assim como todas as virtudes, está dentro de nós. A nossa caminhada é justamente para isso, para aprendermos a amar, pois só o amor é capaz de nos trazer felicidade dia a dia.

Felicidade não é um destino, mas sim um caminho. Podemos ser felizes em todas as situações, pois essa felicidade independe do quanto temos de material; ela depende, basicamente, do quanto fazemos nosso próximo feliz, pois fica muito difícil ser feliz vendo tanta infelicidade ao nosso lado.

Nossa função é transformar nossa vida oferecendo condições para que aqueles que estão ao nosso redor transformem as suas, por meio de oportunidades e de exemplos.

Uma vida feliz nada mais é do que uma vida dedicada a transformar vidas. Começando pela nossa e estendendo essa ideia como uma enorme rede que, um dia, será lançada em todo o Universo.

Transformamos nossa vida a partir do momento em que começamos a responder a algumas perguntas básicas: "Quem sou?; De onde venho?; Para onde vou?".

A resposta começa com o entendimento de que somos espíritos imortais. Quando nos damos conta disso e interiorizamos isso, entendemos que viemos do plano espiritual e que para lá voltaremos.

Essa visão, no entanto, é pequena e precisamos ampliá-la. Continuamos entendendo que somos espíritos, mas a resposta para a pergunta "De onde viemos?" pode ser respondida de outra forma: "Viemos da ignorância, pois assim Deus nos criou, só que ele nos cria dessa forma para que possamos, por meio do nosso esforço, ampliar o nosso conhecimento e deixarmos para trás essa ignorância, a partir desse conhecimento vamos entendendo, finalmente, que, se tudo progride, nós, inexoravelmente, nos transformaremos em espíritos puros e aí teremos a resposta para a terceira pergunta: "Para onde vamos?".

Nós só conseguiremos essas respostas quando entendermos que somos seres integrais, que precisamos dos conhecimentos que o planeta nos oferece. Mas precisamos, principalmente, ampliar os nossos conhecimentos espirituais, pois são eles que levaremos por toda a existência e esses conhecimentos só poderão ser adquiridos por meio da educação do espírito, visando o que necessitamos como um todo e não somente as necessidades em uma encarnação específica.

Partindo dessa constatação, ficamos muito livres para voar, pois a morte, anteriormente considerada nossa inimiga, passa a ser encarada como uma companheira que, de tempos em tempos, nos vem visitar para que possamos fazer um balanço do que conseguimos e uma programação do que conquistaremos em próximas encarnações.

Longe vai o temor a ela, longe vai a dúvida, fica somente a certeza de que somos fadados à perfeição e a encaramos como a maior ferramenta que temos para isso, pois é ela que nos propicia o tempo necessário para refletirmos e encetarmos novos voos rumo ao que seremos.

Esse é o compromisso do espírito; melhorar sempre. Melhorar em todos os sentidos, colocando as duas asas da evolução em verdadeira sintonia, aprendendo intelectual e sentimentalmente.

Isso nos garante o prumo, que nos fará voar sem que adernemos nessa ou naquela direção. Avanço moral e avanço intelectual, essa é a proposta da pedagogia espírita, pois só dessa maneira aprenderemos a ser felizes.

Temos total liberdade em nossa existência, pois somente com a liberdade nos sentiremos donos de nosso destino e Deus nos oferece essa liberdade sem medidas, pois podemos, literalmente, fazer tudo o que quisermos.

Deus não se preocupa tanto assim, pois nos concedendo a liberdade de escolha nos garante que tudo o que fizermos nos trará uma reação. Essa certeza faz que, com o avanço do tempo, aprendamos que para termos boas reações precisamos fazer boas ações. Isso não é castigo, mas sim a justiça divina em todo o seu esplendor, pois, de acordo com uma frase muito conhecida, a semeadura é livre, mas a colheita é obrigatória.

Isso quer dizer que ninguém se livra das suas escolhas, que ninguém ficará em débito com esse ou aquele, pois, mais dia menos dia, a conta será apresentada e nós teremos que resolver da melhor maneira possível e a melhor maneira possível é sempre a do amor.

Por isso é que mudamos de planeta de vez em quando, pois ao atingirmos o nível de evolução que o planeta nos oferece somos promovidos para outro condizente com a nossa nova vibração e nosso modo de entender a vida. Essas conquistas só são possíveis por meio da reencarnação, lei abençoada que garante, a todos nós, oportunidades conforme nossos anseios e avanços efetuados.

Por isso existem tantos mundos habitados; é o que Jesus já nos falou...

1.2 Diversos mundos habitados

172. *Nossas diferentes existências corporais se passam todas na Terra?*

– Não, nem todas, mas em diferentes mundos. As que passamos na Terra não são nem as primeiras nem as últimas, embora sejam das mais materiais e mais distantes da perfeição. (*O Livro dos Espíritos*)

O Espiritismo oferece-nos a explicação para as palavras que Jesus usou quando estava se despedindo dos apóstolos. Ele usa a expressão "várias moradas da casa do Pai". O que seriam essas moradas? Nada mais, nada menos, que planetas habitados por humanidades em diferentes níveis de evolução, pois, como sabemos, somos atraídos por afinidade e ninguém fica num mundo sem que tenha a mesma vibração, ou seja, esteja em afinidade com ele.

Em *O Evangelho Segundo o Espiritismo* (cap. 3, item 19, último parágrafo), vemos as diferentes destinações desses mundos: "mundos primitivos" são aqueles onde o espírito individualizado tem as suas primeiras encarnações; "mundos de provas e expiações" são aqueles onde o mal predomina; "mundos regeneradores" são aqueles em que os espíritos vão buscar novas forças, repousando das fadigas da luta; "mundos felizes" são aqueles em que o bem já supera o mal; "mundos celestes" ou "divinos" são os que já são, exclusivamente, dedicados ao bem.

O planeta Terra pertence à categoria de "mundos de expiação e provas", mas não podemos nos esquecer de Santo Agostinho, quando diz: "Assim é que a Terra, seguindo essa lei de progressão dos mundos [...] atingiu um de seus períodos de transformação, em que de mundo expiatório se tornará em um mundo regenerador, onde os homens serão felizes, pois a Lei de Deus reinará". (*O Evangelho Segundo o Espiritismo*, cap. 3, item 19, último parágrafo)

Estamos muito próximos de viver esse momento, depende somente de nós, do trabalho que realizarmos para sermos merecedores de ficar por aqui quando isso estiver consumado.

Vivemos num momento que chamamos de "período de transição", que nada mais é do que um período de tempo que nos é oferecido para que percebamos os benefícios que teremos e que possamos nos colocar em condições de permanecer aqui graças aos avanços que poderemos fazer em nossa caminhada evolutiva.

Realmente, depende só de nós. Ninguém é capaz de adiantar ou retardar a nossa caminhada; portanto, temos que fazer a nossa parte, a nossa lição de casa, melhorar um pouco em relação ao que somos para que nos candidatemos a ficar neste planeta maravilhoso quando os tempos de regeneração tiverem chegado.

> *Na casa de meu Pai há muitas moradas; se não fosse assim, eu vo-lo teria dito. Vou preparar-vos lugar.* (João 14:2)

> *Disse-lhe Jesus: Eu sou o caminho, e a verdade e a vida; ninguém vem ao Pai, senão por mim.* (João 14:6)

O nosso caminho evolutivo é marcado por mudanças. Todas essas mudanças vão ocorrendo quase imperceptivelmente. Não acordamos, de um dia para o outro, transformados em seres melhores, mas vamos melhorando um pouco a cada despertar. De vez em quando, nos pegamos fazendo coisas melhores, as quais não fazíamos com muita frequência. Gostamos disso e continuamos a fazer e é esse exercício o grande responsável pelas nossas mudanças.

À medida que caminhamos melhor, também vamos aumentando o ritmo que colocamos em nossa caminhada. Os passos, antes tão curtos e vacilantes, alargam-se e tornam-se vigorosos e ritmados, como se desejassem cada vez mais e mais. Cada vez que esgotamos as possibilidades de um planeta, no que ele nos oferece em termos de lições para o nosso desenvolvimento, somos convidados à mudança. Essa mudança é, literalmente, de planeta, pois não nos adiantaria muito continuarmos nele sem o aprendizado correspondente.

"Não aprender" não quer dizer "não melhorar", pois, como já dissemos, o exercício é o grande responsável pela nossa melhora, por isso podemos, eventualmente, continuar no mesmo planeta, exercitando as boas qualidades que conquistamos, auxiliando mais e mais pessoas a conquistarem também as suas qualidades, por meio dos exemplos que oferecemos.

A pergunta que devemos responder é: "Como conseguimos essa tal evolução?". A resposta é única: exercitando o que Jesus nos propôs, o amor.

Por isso, a resposta de Jesus a Tomé. Quando Jesus fala das moradas do Pai, cita um caminho que deveria ser seguido. Tomé não entende e pergunta qual seria esse caminho, pois Jesus nunca havia dito nada parecido. Jesus entende a dificuldade do discípulo e esclarece de maneira simples: "Eu sou o caminho, a verdade e a vida, ninguém chegará ao Pai a não ser por mim".

A resposta de Jesus é clara, muitos haviam sido enviados e muitos continuarão a ser enviados; afinal, nós precisamos que nos lembrem o que devemos fazer, de vez em quando. O grande recado é que todos os que vieram antes falaram de Deus e todos os outros que virão também falarão de Deus.

Para que tenhamos a certeza, basta que notemos que não há uma única religião que diga alguma coisa contra o amor, todas são unânimes nesse ponto. Jesus vai além, mostra que é possível a convivência com a diferença, fazendo com que todos nós coabitemos o planeta Terra em nome do amor.

Ele diz também que, ao contrário do que pensávamos, Deus é amor e, portanto, não temos como nos mostrar filhos de Deus a não ser amando.

As moradas da casa do Pai estão à nossa disposição, os ensinamentos de Jesus estão à nossa disposição; o que precisamos fazer é colocar dentro de cada um de nós a necessidade imperiosa de caminhar cada vez mais rápido e com mais consistência.

Se precisamos melhorar para permanecermos neste planeta quando ele for de regeneração teremos, obrigatoriamente, que aumentar a velocidade com que caminhamos, pois o tempo está passando e, como todos nós sabemos, o tempo não para no porto, não apita na curva, não espera ninguém; então precisamos descobrir alguns "por quês" em nossa vida...

1.3 Acelerar é preciso

Vinde a mim todos os que estais cansados e oprimidos, e eu vos aliviarei. Tomai sobre vós o meu jugo, e aprendei de mim, que sou manso e humilde de coração; e encontrareis descanso para as vossas almas. Porque o meu jugo é suave e o meu fardo é leve. (Mateus 11:28-30)

Vejamos um exemplo: vamos falar um pouco de Usain Leo Bolt, que é um atleta jamaicano, considerado o homem mais rápido do mundo, recordista olímpico e mundial nos 100 e 200 metros rasos.

O interessante é que ele tem um pequeno "defeito" nos quadris que o impede de fazer a largada nas melhores condições, ou seja, ele larga em desvantagem. Então, como ele consegue ganhar com tanta facilidade? Ele estudou o problema que tem, traçou metas para corrigir a deficiência, perseverou até encontrar a maneira de superar o problema... e conseguiu. A saída ainda não é tão boa, mas depois as passadas vão se sucedendo com tamanha rapidez que ele acaba vencendo com folga. O nome dele, Bolt, significa raio em inglês, e esse é o gesto que ele faz ao vencer uma corrida: um raio, uma seta, algo rápido demais para que possamos seguir.

Para reflexão:

Por que não conseguimos evoluir na velocidade que gostaríamos?

Por que não caminhamos a passos largos e firmes?

Por que vivemos patinando de encarnação em encarnação?

Por não agirmos como Usain Bolt, já que ele percebeu que tinha deficiências, tratou de melhorar e conseguiu a superação sobre si mesmo, simples assim.

Nós, ao contrário, complicamos. Esquecemos o que somos. Acabamos seduzidos pelo corpo físico e nos preocupamos, em demasia, com coisas materiais, ou seja, invertemos valores.

Quando nos perguntam o que somos, quase imediatamente oferecemos nossas qualificações profissionais, nossas profissões, esquecendo o que somos em essência. Nossa essência é que deve ser lembrada sempre que nos perguntarem o que somos, pois os títulos e capacitações desta encarnação são passageiros, assim como passageiras foram as de outras encarnações. Isso não quer dizer que não aprendamos com isso, aprendemos sim, mas devemos levar em consideração que tudo o que aprendemos é para esta fase, este momento, poderemos usar em outras encarnações, sim, mas basicamente para esta.

Precisamos ampliar essa visão, precisamos entender que somos algo mais do que simples capacidades e profissões. Precisamos entender que somos espíritos e que temos uma tarefa a cumprir: nos transformar em espíritos puros... lembra da lagarta? Pois é, nós também teremos que efetivar a nossa transformação moral, e para isso precisamos acelerar a nossa caminhada.

Assim como o Usain Bolt, nós também temos nossas deficiências, pensamos que o material é importante quando, na verdade, o importante são as coisas espirituais. Como damos importância demais às coisas materiais, ficamos presos a elas fazendo com que nossa caminhada seja lenta como a de uma tartaruga, quando poderíamos andar de maneira consistente e contínua.

Não precisamos correr tanto quanto o Usain Bolt, pois ele é velocista, percorre uma pequena distância no menor tempo possível, enquanto nós somos fundistas, ou seja, temos uma distância muito longa para percorrer e precisamos estudar bastante o percurso para que o cumpramos o mais rapidamente possível evitando os percalços que ele possa nos oferecer.

Isso quer dizer que precisamos descomplicar nossa caminhada, lembrarmo-nos do que é importante de verdade. Para o corpo físico, o material sem dúvida, mas para o espírito que somos, temos que nos alimentar de coisas espirituais. Isso não quer dizer que precisemos abdicar de todas as coisas boas que o planeta nos oferece, pelo contrário, devemos viver da melhor maneira que conseguirmos, afinal, somos filhos de Deus e ele não gostaria que seus filhos se privassem do necessário. Precisamos entender que tudo nos é permitido, sim, mas que devemos tomar alguns cuidados para ver se aquilo realmente nos fará bem ou não. Todos nós temos uma programação reencarnatória, por mais simples que seja e, dependendo do que aqui viemos realizar, talvez existam coisas de que gostaríamos, mas não são possíveis dentro dessa mesma programação. Quando insistimos em conquistar coisas que serão desnecessárias, a dor nos alerta e, se não entendemos o que ela nos quer dizer, o sofrimento se instala e nossa vida começa a perder a beleza.

O que isso significa? Significa que precisamos valorizar o que nos eleva e deixarmos de lado o que nos atrasa a caminhada.

Capítulo 2
As potências da alma

[...] é na vida íntima, no desabrochar de nossas potências, de nossas faculdades, de nossas virtudes, que está o manancial das felicidades futuras... (Leon Denis, *O problema do ser, do destino e da dor*)

Essa frase mostra-nos exatamente como adquirir a felicidade. Quando falamos do Cardeal Morlot,[2] vem-nos à mente a célebre frase: "A felicidade não é deste mundo".

É razoável que pensemos assim, mas temos que levar em consideração que a felicidade é um caminho

---

2. **François-Nicholas-Madeleine** *Cardeal* **Morlot** (Langores, 28 de novembro de 1795 – Paris, 29 de dezembro de 1862) foi um cardeal francês. Nasceu já no final do chamado Período do Terror da Revolução Francesa e início do Diretório. Sua formação eclesiástica foi realizada no Seminário de Dijon. Sua ordenação presbiteral deu-se a 27 de maio de 1820, aos 24 anos, já sob o reinado de Luís XVIII. Contribuiu com Allan Kardec enviando uma linda mensagem que foi inserida na obra *O Evangelho Segundo o Espiritismo*.

e não um destino, e, à medida que caminhamos, vamos aumentando essa parcela de felicidade que nos cabe de acordo com o momento evolutivo que vivemos.

Isso quer dizer que precisamos utilizar as nossas potências para alcançarmos um nível mais alto dentro do quadro evolutivo. Devemos pensar que, se a felicidade aumenta à medida que nossas virtudes desabrocham, o que precisamos fazer é acelerar esse processo.

Jesus disse que éramos deuses e que não sabíamos disso; o pior é que continuamos não sabendo e procurando respostas fora de nós, como se isso fosse possível para mudar o nosso interior.

Ele disse também que precisávamos fazer brilhar a nossa luz, ou seja, a luz que já tivermos conquistado, para que ela aumente e nos faça descobrir novas virtudes em nós.

Assim como Jesus, Leon Denis nos mostra o que já existe dentro de nós, para que possamos usufruir disso no processo de desenvolvimento espiritual em que nos encontramos. A isso ele chama "potências", com as quais nos surpreenderemos ao perceber que, literalmente, nós já sabemos de tudo isso, e que precisamos é nos conscientizar.

A seguir, colocaremos tais potências, uma a uma, para que não nos percamos no roteiro que deveremos traçar em busca da melhora do espírito que somos.

2.1 Vontade

Essa é a nossa maior potência, pois dependemos dela constantemente, já que somos responsáveis por tudo o que nos acontece, e para que as coisas aconteçam em nossa vida é preciso que queiramos. Ninguém consegue fazer o nosso trabalho, então, nossa tarefa é de modificarmos o que somos hoje para conseguirmos atingir o que seremos amanhã. Isso somente será possível pelo nosso querer. Diante disso, percebemos que a vontade é a grande responsável pela nossa evolução, não somente a evolução do espírito que somos, mas também pela evolução do corpo físico que utilizamos a cada encarnação para que possamos efetivar as experiências que programamos.

Imaginemos que para respirarmos é preciso utilizar o pensamento para que ocorra a inspiração e a expiração, além, é claro, de todos os outros processos envolvidos no simples ato de respirar. Não teríamos tempo para mais nada, não aproveitaríamos a encarnação, simplesmente viveríamos para manter o corpo físico, por meio do controle que faríamos utilizando o pensamento. Por isso, o nosso corpo é totalmente automatizado. Não precisamos pensar em nada para continuarmos biologicamente vivos, pois ele é autossuficiente nesses mecanismos. O que precisamos é oferecer boas condições para que o corpo não se ressinta de coisas que colocamos e que não são as mais indicadas para manter a estrutura que ele traz. Quanto melhor os materiais energéticos que consumimos tanto melhor será a resposta do corpo físico em relação à nossa qualidade de vida, garantindo que tenhamos condições melhores e propícias para que levemos a cabo o nosso planejamento reencarnatório.

Esse automatismo só foi conseguido graças à nossa vontade e ao concurso de espíritos empenhados em que nossos corpos pudessem oferecer as melhores condições, evitando que nos distraíssemos com coisas não tão necessárias para a evolução do espírito que somos.

Atuando sobre o todo, vemos que à medida que vamos evoluindo, o perispírito também vai se modificando, pois a sua mudança é diretamente proporcional ao grau de adiantamento que tenhamos atingido.

Isso se explica, pois o perispírito nada mais faz do que refletir a nossa condição interior, para que possamos eventualmente ser identificados em nossas necessidades pelos amigos da espiritualidade.

À medida que vamos evoluindo, também o perispírito vai mostrando nossas aquisições espirituais, pois não necessitamos mais de matéria densa, o que faz com que ele vá ficando mais etéreo, mostrando as nossas transformações.

Necessitamos compreender que o poder da nossa vontade é ilimitado, pois precisamos querer sempre. Quando entendemos que para Deus não há limites, ficamos mais tranquilos em relação até onde poderemos ir, pois isso nos dá a certeza de que nunca chegaremos a ser Deus, ratificando o que Jesus nos lembrou: "Sois deuses e não sabeis".

Nunca deixaremos Deus irritado com nossas pretensões, pois o máximo que conseguiremos, a tão decantada perfeição, é sempre relativa, seremos perfeitos um dia, mas sempre relativamente a Deus.

Por ser ilimitada, é que precisamos querer sempre, pois querer é poder, já dizia o ditado tão conhecido. Para que as coisas aconteçam em nossa vida precisamos querer a ponto de irmos criando o que desejamos, a tal ponto que, mais dia menos dia, o que criamos se materializa densamente.

Quanto a isso, devemos tomar somente um cuidado: analisar com critério o que desejamos que se realize, pois dependendo de nossa programação reencarnatória, poderemos criar sérios problemas em vez de soluções.

A pergunta que não quer calar: como fazer essa análise? Simplesmente, usando uma das outras potências que já temos dentro de nós: a consciência, nosso próximo assunto.

2.2 Consciência

Leon Denis no livro *O problema do ser, do destino e da dor* nos diz: "A alma, uma emanação, uma partícula do absoluto. Suas vidas têm por objetivo a manifestação cada vez mais grandiosa do que nela há de divino...".

Isso quer dizer que temos, obrigatoriamente, que ir mostrando a nossa filiação, pois somos filhos de Deus e, por isso mesmo, precisamos mostrar por meio de nossas atitudes o que temos de melhor dentro de nós.

Claro que, como somos criados simples e ignorantes, não conseguimos mostrar tudo de uma só vez, pois está ainda por ser descoberto, mas a consciência nos baliza, para que possamos, através do tempo, melhorar o que fazemos e tomemos exatamente a verdadeira dimensão do que somos.

Essa consciência é o centro de nossa personalidade, pois a cada encarnação adquirimos uma maneira de ser, ora nos mostramos alegres, ora mais sisudos, ou então com determinada formação cultural, ou dentro de um cenário totalmente diferente do anterior, mas carregamos sempre e para sempre a nossa consciência.

Após a individualização do princípio inteligente em espírito ela está conosco, nos mostrando o que já conquistamos e nos avisando para que não nos afastemos daquilo que queremos em relação à nossa melhora interior.

A cada passo que damos, ela lá está, indicando para que lado seguir, como andar, como nos estruturar em relação a nós mesmos e a tudo que nos rodeia.

Infelizmente, nem sempre conseguimos ouvi-la, ou se a ouvimos não lhe damos a devida atenção, fazendo com que, muitas vezes, o sofrimento se instale em nossa vida.

É por intermédio da consciência que sabemos exatamente onde nos situamos, em relação ao tempo e espaço, o que nos indica exatamente a maneira como devemos nos comportar e agir.

É, também, essa consciência que nos faz saber o que somos, de onde viemos e para onde vamos. Quando nos vemos em plano menor sabemos que somos espíritos, que viemos da espiritualidade e que, um dia, para lá voltaremos.

Ao ampliarmos a maneira como nos vemos, percebemos que somos espíritos, sim, que viemos da ignorância, pois fomos criados por Deus de forma simples e ignorantes, e que chegaremos até o *status* de espírito puro por meio do conhecimento adquirido e do exercício das virtudes, que se mostram cada vez mais presentes em nossa vida.

À medida que evoluímos, vamos aperfeiçoando a maneira como entendemos a vida, a consciência vai melhorando e transformando a nossa maneira de ser e caminhando um passo a frente, mostrando-nos como transformar em arte-final o rascunho de quem somos, isso quer dizer que não temos limites, pois o conhecimento não se esgota em nós, pois Deus não para de criar e, por isso mesmo, temos sempre coisas novas à nossa frente, que exigirão cada vez mais uma postura ética e moral, balizada pela consciência que já temos e nos mostrando para onde caminharmos.

Dessa forma, a vida infinita se manifestará por meio da consciência, aprimorando o sentimento e o juízo, as nossas asas para evolução. Quanto mais consciência temos, melhor sentimos, julgamos e entendemos o que Jesus nos disse: "Não julgueis para que não sejais julgados".

Jesus não quis dizer que não devamos tomar providências quando as atitudes desse ou daquele, ou mesmo nossas atitudes, não estiverem de acordo com as leis de Deus. O que Jesus nos pede é que não julguemos o espírito que ali está, mas tão somente o ato que ele cometeu, pois todos nós melhoraremos e, com o tempo, o mesmo espírito deixará de lado esse tipo de atitude, mostrando a ação da consciência em si mesmo.

O que não está certo dentro das leis de Deus deve ser corrigido, mas com amor, pois o amor é a única maneira que temos de nos elevar e caminhar para o nosso destino.

O conhecimento cada vez mais profundo das leis morais fará com que, dia a dia, caminhemos mais rapidamente para lá.

Esse conhecimento se dará paulatinamente, pois a evolução não se dá em linha reta, mas em espiral, o que significa que várias vezes passaremos pelas mesmas lições e nos habilitaremos cada vez melhor em relação a essas lições pelas escolhas que faremos.

Quando se trata de escolhas devemos ter em conta que podemos escolher tudo o que queremos, literalmente, mas devemos ter em conta, também, que a cada escolha teremos uma resposta e, se quisermos respostas diferentes, teremos que escolher de maneira diferente.

A isso chamamos **livre-arbítrio**, sobre o qual discorreremos a seguir.

2.3 Livre-arbítrio

[...] A liberdade é condição necessária do Espírito... Sem liberdade não construiríamos nosso destino... (Leon Denis)

Podemos perceber nessa afirmação de Leon Denis como é o amor de Deus pelas suas criaturas. Deus nos cria simples e ignorantes e nos oferece todas as condições para que cumpramos o nosso destino, entendendo-se destino como algo que, inevitavelmente, acontecerá.

A pergunta que podemos nos fazer é: se isso tem que acontecer, por que Deus já não nos fez espíritos puros?

Porque ele, assim como qualquer pai, não quer interferir na maneira como cada um de seus filhos interpreta a vida, age em determinadas situações, se comporta dentro de determinados cenários.

Seria muito arbitrário se Deus nos impusesse quando e como chegaríamos ao nosso destino; por isso ele nos cria, coloca dentro de nós todo o potencial angelical que atingiremos, mas nos deixa escolher de que maneira faremos essa descoberta e caminhada.

Convenhamos que é muito mais interessante escolhermos os caminhos que queremos fazer por lugares previamente determinados, impedindo que sentíssemos em nós e por nós todas as sensações que a vida pode nos oferecer.

É claro que a cada escolha que fazemos criamos uma série de respostas que poderemos receber. Interpretar essas respostas de maneira adequada fará com que caminhemos cada vez mais rápido e de maneira mais eficiente.

Apesar de toda essa compreensão, muitas vezes nos pegamos pensando que o livre-arbítrio é bem limitado, pois encontramos situações em que parece que ele nos é imposto, que ele nos limita e nos impede de exercê-lo em toda a sua plenitude.

Isso é ilusório, pois esquecemos que somos imortais. Se não morremos, quer dizer que estamos sempre em constante trabalho e aprendizado, seja do lado de cá ou do lado de lá. De prático, o que isso significa? Significa que as nossas escolhas podem ser feitas lá e cá; afinal, a reencarnação é toda programada dentro de nossas necessidades e, se nascemos dessa ou daquela maneira, com uma ou outra limitação é porque escolhemos quando nos programamos para retornar à vida corpórea.

Essas limitações tanto podem ser físicas quanto sociais, pois ambas têm uma única utilidade: fazer com que nos superemos, pois não podemos esquecer de que encarnamos para superar o que somos e sairmos daqui melhores do que quando aqui chegamos.

Como efetuar essa superação? Colocando-nos do lado bom da vida, entendendo que Deus não nos pune e tudo o que nos acontece é, pura e simplesmente, para que nos aperfeiçoemos e sintamos, na própria pele, coisas que dificilmente entenderíamos só de ver alguém passar.

Claro que podemos aprender por meio da observação e é importante que isso ocorra, mas um pouco de vivência não faz mal a ninguém.

É interessante notar que quanto mais liberdade conquistamos mais responsabilidade devemos ter, pois entendendo que tudo podemos e deveremos, obrigatoriamente, compreender que nem tudo nos convém... Lembramo-nos de Paulo de Tarso, não é?

Para isso, precisamos querer, ou seja, lembrar que temos vontade e que essa vontade deverá prevalecer sobre os nossos desejos, sempre que eles nos levarem para caminhos que não sejam os mais adequados aos propósitos de elevação que já temos dentro de nós, e nos esforçar para superar esses momentos de indecisão sempre que eles surgirem em nossa vida.

Então, é preciso pensar e entender que o pensamento, um atributo do espírito, é o grande responsável pelo que acontece em nossa vida, pois tudo o que escolhemos foi, sem sombra de dúvida, pensado anteriormente... mesmo que de relance e sem profundidade.

Vamos a ele?

2.4 Pensamento

O pensamento parece uma coisa à toa. Mas como é que a gente voa, quando começa a pensar: "A minha casa fica lá detrás do mundo, onde eu vou em um segundo quando começo a pensar...".

Todos, ou quase todos, conhecemos essa citação... Nada mais do que versos compostos por Lupicínio Rodrigues, compositor gaúcho e autor de várias obras maravilhosas de nossa música.

Quanta verdade dentro de palavras tão simples, pois o pensamento realmente nos transporta para onde quisermos e nos oferece emoções que nunca sentiríamos se não tivéssemos, muitas vezes, ousadia para pensar.

Ousados são todos aqueles que nos oferecem o que ainda desconhecemos, mas que se transformará em realidade, mais dia menos dia, os sonhadores que nos fazem antever as maravilhas que a humanidade conquistará a cada novo avanço que se efetive em sua caminhada.

O pensamento tem uma série de atributos que podemos qualificar de acordo com o grau de evolução que já tenhamos alcançado, por exemplo, o pensamento cria e influencia.

Acredito que todos nós estejamos de acordo com isso, pois tudo o que existe um dia foi pensado.

Também é de fácil aceitação a influência que o pensamento pode fazer, pois as palavras nada mais são do que a expressão verbal do que se pensou antes, e ao expormos o que pensamos influenciamos outras pessoas a agirem ou pensarem da mesma forma ou de forma semelhante à nossa.

Isso, em última análise, quer dizer que podemos escolher o que criar, seja em nossa vida ou na vida dos que estão ao nosso redor. Lembram-se do livre-arbítrio? É por meio das nossas escolhas sobre o que pensamos que vamos transformando a vida em sombra ou luz... simples assim.

Queremos ter luz? Temos que, obrigatoriamente, pensar em coisas que iluminem a nossa vida e a dos que nos acompanham, pois o que pensamos criamos.

Assim como tudo no Universo, o pensamento também evolui, sempre de acordo com o nosso estado evolutivo. À medida que lemos e refletimos sobre os diversos assuntos que compõem a nossa vida, vamos amadurecendo a nossa maneira de pensar e, consequentemente, tornando-nos pessoas melhores. É também por ele, pela maneira como pensamos e agimos, que passamos pela dor. A dor é mais uma das potências que temos dentro de nós e que é determinante na maneira como entendemos a vida.

Mas não entendamos a dor como um castigo, porque Deus não nos castiga, mas nos oferece oportunidades para que façamos de maneira diferente o que não fizemos tão bem no passado. Da dor vamos falar a partir de agora...

2.5 Dor

A dor não é, como já falamos, castigo de Deus, mas um aviso da natureza.

A natureza é pródiga em nos fazer compreender as suas verdades imortais e nós, quando não observamos os avisos da natureza, sentimos dor, via de regra para que evitemos os excessos, sejam eles materiais ou morais.

Os materiais acabam transformando-se nos mais fáceis de eliminarmos de nossa vida, pois conseguimos ficar sem muitas coisas que, muitas vezes, julgamos necessárias ainda que não sejam.

Para essas coisas, temos o nosso entendimento racional, o qual nos mostra que, se quisermos acabar com a dor, devemos procurar ajuda dentro ou fora de nós.

Assim que conseguirmos encontrar o profissional, acabar com a dor, a vida continuará o seu curso normal.

As dores da alma, estas sim são as mais difíceis de serem sanadas, pois somente à custa de muito esforço, resignação e uma boa dose de renúncia, conseguiremos encontrar o equilíbrio necessário para retomarmos o caminho de luz que necessitamos.

Normalmente a dor nos mostra o que precisamos corrigir em cada um de nós e, por sermos todos diferentes, o que dói em um, pode não doer em outro. Ou seja, a dor vai ferindo-nos onde necessitamos, exatamente, sem muita explicação.

É importante saber que só para de doer quando aprendemos, ou seja, enquanto a lição não surtiu o efeito, enquanto nos colocamos contra as lições que a vida nos oferece, a dor continuará na sua tarefa de nos avisar para que corrijamos nossas atitudes.

Então, quando entendemos o que a dor nos quer ensinar, entendemos o imenso amor de Deus para com seus filhos e percebemos, enfim, o quanto somos beneficiados pelas dores que passam pela nossa vida quando conseguimos aprender.

Por falar em amor de Deus, temos, finalmente, o amor como mais uma das nossas potências.

Sobre o amor trataremos em outro capítulo, com muito mais detalhes.

Capítulo 3
Superando desafios

Aconteceu num sábado que, entrando ele em casa de um dos principais dos fariseus para comer pão, eles o estavam observando. E disse aos convidados uma parábola, reparando como escolhiam os primeiros assentos, dizendo-lhes: Quando por alguém fores convidado às bodas, não te assentes no primeiro lugar; não aconteça que esteja convidado outro mais digno do que tu; E, vindo o que te convidou a ti e a ele, te diga: Dá o lugar a este; e então, com vergonha, tenhas de tomar o derradeiro lugar. Mas, quando fores convidado, vai, e assenta-te no derradeiro lugar, para que, quando vier o que te convidou, te diga: Amigo, sobe mais para cima. Então terás honra diante dos que estiverem contigo à mesa. Porquanto qualquer que a si mesmo se exaltar será humilhado, e aquele que a si mesmo se humilhar será exaltado. (Lucas 14:1 e 7-11)

Como já falamos, o que nos atrasa são as coisas materiais quando não entendemos que elas estão aí só para nos ajudar a melhorar. Isso quer dizer que podemos, literalmente, ter tudo o que desejarmos, dentro de nossas possibilidades e, se for o caso, buscarmos melhores condições do que as que temos hoje, pois isso também faz parte do nosso crescimento, a busca pela melhora material.

O que não podemos é ficar apegados ao que temos, pois isso nos trará um sofrimento muito grande, se não hoje, quando desencarnarmos, pois como nos diz Jesus, o nosso coração está onde está o nosso pensamento.

Isso quer dizer que se não tomarmos cuidado corremos um risco muito grande de não termos sossego quando chegarmos do lado de lá, pois estamos com o pensamento nas coisas que deixamos por aqui.

O que isso causa? A nossa prisão mental, pois em vez de nos preocuparmos em entender o que está acontecendo conosco, e prestarmos atenção naqueles que querem nos ajudar, ficamos simplesmente imantados ao que tínhamos na vida material, e isso nos causa transtornos muito grandes fazendo com que o sofrimento se instale em nossa vida.

Para que tenhamos a certeza de que chegaremos ao lado de lá em condições boas, é necessário o entendimento de que tudo o que é material fica deste lado e que só levamos para o lado de lá as conquistas que já fizemos em termos espirituais e as que ainda deveremos fazer, ou seja, levamos nossas virtudes e defeitos.

Isso significa que ninguém vira santo do lado de lá e chegamos exatamente como somos, com um pequeno auxílio: o corpo físico fica por aqui. Esse fato nos liberta e passamos a entender um pouco melhor as coisas, nos predispondo a uma nova visão sobre o que fizemos e sobre o que faremos, isso facilita a tomada de decisão sobre novos períodos reencarnatórios, ou seja, ficamos mais leves e livres, e o pensamento fluirá de maneira mais adequada e abrangente.

O apego às coisas materiais nos envolve de tal maneira que passamos a ver o mundo de acordo com as coisas que temos, nos comparamos, nos julgamos, passamos a ver as pessoas exatamente dessa maneira: de acordo com o que elas têm.

Isso nos transforma em seres com visão distorcida sobre o que viemos fazer nesta reencarnação e não conseguimos nos livrar de algumas das piores coisas que ainda temos conosco.

Vamos falar somente de três coisas que nos atrasam e dificultam a caminhada e todas elas começam no exagerado apego às coisas materiais: orgulho, vaidade e egoísmo.

3.1 Orgulho e suas faces

[...] O orgulho é o terrível adversário da humildade. Se o Cristo prometeu o reino dos Céus aos mais humildes, foi porque os poderosos da Terra imaginam que os títulos e as riquezas são as recompensas dadas ao seu mérito, e que sua origem é mais pura que a do pobre. Acreditam que isso lhes é devido por direito e, quando Deus as retira, acusam-no de injustiça. Ridícula cegueira! Deus vos distingue pelo corpo? Acaso o do pobre não é igual ao do rico? O Criador fez duas espécies de homens? Tudo o que Deus fez é grandioso e sábio; nunca crediteis a Deus as ideias que os vossos cérebros orgulhosos imaginam [...] (Lacordaire – Constantina, 1863, *O Evangelho Segundo o Espiritismo*, cap. 7, item 11)

O orgulho tem inúmeras faces, podemos destacar dentre elas as seguintes: pretensão, presunção, preconceito, indiferença, desprezo, inveja, falsa modéstia, prepotência, dissimulação e personalismo.

Pretensão é encarar a vida de maneira megalomaníaca – tudo para nós tem que ser o maior, o melhor, ou seja, não nos sujeitamos a pequenas coisas, seja no campo pessoal ou no profissional. Estamos sempre dispostos, desde que o que nos ofereçam esteja à altura do que pensamos que somos. Isso, muitas vezes, nos impede de realizarmos um bom trabalho, simplesmente porque achamos que aquela coisa não está de acordo com a nossa capacidade ou com os nossos sonhos, nos superestimamos, queremos notoriedade, em palavras simples: deixamos de realizar o bom, pois só queremos realizar o ótimo.

Presunção é quando nos orgulharmos do que sabemos; isso nos faz olhar as pessoas que não dispõem do mesmo conhecimento de maneira superior. Ao sermos perguntados sobre isso ou aquilo, explicamos, explicamos, explicamos, até termos a certeza de que o outro entendeu, não confiando na capacidade que o outro tem de entender também.

De certa forma, a presunção nos faz pensar que somos autossuficientes e que não necessitamos de ninguém para melhorar. Isso faz com que deixemos de aprender e, dessa forma, perdemos grandes oportunidades, pois o que viemos fazer nesta e em todas as reencarnações de nossa existência é aprender.

Preconceito, outra das faces, é o orgulho em relação às nossas concepções, pois achamos que só a maneira como pensamos é a correta e, por isso, temos dificuldade em conviver com outras pessoas que não estejam de acordo com o que pensamos. Isso nos torna inflexíveis em relação a muitas questões, fazendo que não aceitemos as diferenças, sejam elas quais forem, transformando-nos em pessoas neuróticas e infelizes.

Indiferença é o orgulho na sensibilidade, ou seja, não nos sensibilizamos com o que ocorre com o próximo, achando tudo normal. Mesmo que achemos que as coisas acontecem de acordo com o que plantamos, isso não quer dizer que não possamos oferecer nossa solidariedade às pessoas que têm dores maiores ou menores que as nossas. Quando não nos importarmos com o que ocorre com o nosso próximo, deixamos de exercitar a lei maior de Deus, amar ao próximo como a nós. Essa falta de consideração gera no indiferente uma apatia, impedindo que a dor dele seja compreendida.

Desprezo é o orgulho no entendimento, muito próximo da presunção, pois quando desprezamos o outro, entendemos que somos melhores, sabemos mais e, muitas vezes, inferiorizamos os interlocutores mostrando que eles não sabem nada e, portanto, não conseguiriam compreender de maneira adequada coisas que nós compreendemos com facilidade. A partir daí, passamos a não dar às pessoas a atenção merecida, pois temos que lembrar que, em última análise, todos nós somos exatamente iguais: filhos de Deus.

Inveja é o orgulho diante das vitórias alheias. Nós todos temos uma capacidade muito grande de nos solidarizarmos com as desgraças que acontecem na vida das pessoas, com as catástrofes que ocorrem em diversas partes do mundo e por aqui mesmo, mas não temos a mesma solidariedade com as coisas boas que acontecem com as pessoas que estão próximas a nós. Isso acontece, via de regra, por entendermos que nós é que deveríamos ter sido agraciados com esse ou aquele bom acontecimento, essa ou aquela promoção, esse ou aquele prêmio e assim por diante. Precisamos lembrar de que tudo o que nos acontece está de acordo com o que semeamos e, principalmente, dentro das nossas necessidades reencarnatórias. Todos nós, em maior ou menor grau, temos essa inveja, o que precisamos é nos conscientizar que ela existe e procurarmos formas para minimizar a sua atuação na nossa vida.

Falsa modéstia é o que normalmente é chamado de "humildade artificial", a pessoa se apresenta como modesta, muitas vezes achando-se não merecedora do que lhe dizem. Isso, à primeira vista, pode ser considerado uma qualidade, mas quando percebemos que o que ela quer é que se fale cada vez mais sobre suas qualidades para que ela possa dizer "não mereço, não mereço", percebemos que não se trata de humildade e sim de um sentimento artificial, cuja finalidade é massagear o ego de maneira permanente. Uma das maneiras para acabarmos, mesmo que pouco a pouco, com essa falsa modéstia, é entender que o que fazemos pode realmente ter agradado várias pessoas, pois demos o nosso melhor e as pessoas entenderão isso. Dessa forma, não precisamos utilizar formas desgastadas para agradecer, ou nos colocar abaixo daquilo que realmente somos, simplesmente para agradar; o que precisamos é perceber que o trabalho foi bem realizado, que não existe nada tão bom que não possa ser melhorado e agradecer de coração o incentivo e o apoio que as pessoas nos oferecem.

Prepotência é o abuso de poder. Já se diz com frequência que para se saber como uma pessoa é basta que lhe demos o poder.

Isso quer dizer que o poder corrompe, o poder nos transforma, ou melhor, o poder mostra exatamente o que somos, desvestindo-nos do verniz social que muitas vezes usamos para impressionar esse ou aquele, ou para fingirmos ser o que não somos.

Quando temos o poder em mãos, mostramos no que imaginávamos ter conquistado, mas ainda estamos distantes.

Nos mostrávamos compreensíveis, mas quando estamos no poder, muitas vezes nos comportamos com um autoritarismo que as pessoas desconheciam.

Isso faz que, com o tempo, nos transformemos em seres autoritários, do tipo que tudo tem que ser feito como ele quer, não oferecendo a mínima chance para que as pessoas mostrem do que são capazes, impedindo que a criatividade das outras pessoas possa ofuscar a sua ação.

Um ser despótico é no que nos tornamos quando temos o poder e não compreendemos que a missão de quem tem poder é mostrar caminhos para a melhora de todos os que estão ao nosso lado. O opressor não permite que as pessoas respirem além do que ele permite, as ações são todas cerceadas e desenvolvem uma autoridade sustentada unicamente pelo temor e não pelo respeito.

Dissimulação é a ocultação das verdadeiras intenções de uma pessoa, ou seja, ela finge ser o que não é, mostra uma cara doce, terna, mas no fundo o que quer mesmo é que aconteça o pior com quem está perto, é o famoso lobo em pele de cordeiro, sustentado por uma boa cara e bom falar, mas sai distribuindo temor e colocando-se, quase sempre, como salvador da pátria.

Personalismo é o filho predileto do orgulho. Acha-se possuidor de todas as características boas, só ele tem qualidades, só ele sabe fazer as coisas certinhas, vive exagerando suas qualidades, por isso não consegue conviver, pois se transformou num ser irreal, um ser que vive somente de ilusão.

Não permite que ninguém faça de outra maneira, a não ser como ele quer que as coisas sejam feitas. Infelizmente o mundo está cheio desse tipo de orgulhosos, em todos os setores.

3.2 Vaidade e Egoísmo

Vaidade também pode ser considerada uma das faces do orgulho, mas com uma ressalva: não é a vaidade que nos leva a ficarmos da melhor maneira possível para que nos apresentemos nos locais que frequentamos, seja no trabalho, na escola, em festas, no centro espírita, na igreja ou no clube, é a vaidade daquilo que pensamos que somos, é a vaidade do conhecimento que pensamos já ter adquirido, é a vaidade de nos acharmos melhores que os que estão ao nosso lado.

A vaidade em nos mantermos bem apresentados é muito natural e não nos desmerece, pelo contrário, nos valoriza, pois estamos oferecendo a nós mesmos e a todos os que nos veem a possibilidade do melhor, simplesmente.

Egoísmo é uma das coisas que mais atrasa a nossa caminhada, ficamos presos a uma série de coisas que pensamos que são nossas quando, na verdade, pertencem ao mundo material onde nós estamos temporariamente.

O egoísmo é considerado pelos especialistas uma síndrome: a síndrome da criança de dois anos, que é facilmente explicável.

Uma criança com dois anos, mais ou menos, tem ainda os instintos como a base de sua sobrevivência, ela não consegue pensar em outra coisa a não ser em ter, ou seja, tudo é dela. Ao mostrarmos alguma coisa para ela essa coisa será imediatamente incorporada ao seu acervo pessoal e vem a frase característica: é meu.

Nessa criança, a reação – é meu – é muito normal e necessária, faz parte do seu comportamento, mas não faz parte do comportamento de adultos já bem vividos e que continuam achando, assim como uma criança de dois anos, que tudo "é meu".

Claro que existem muitos fatores que acabam oferecendo esse tipo de comportamento. Um dos mais concretos é o desejo de posse que queremos ter sobre as outras pessoas e sobre os objetos que amamos. O pior disso tudo é que sabemos que não levaremos nada, isso está implícito em nossa mente. Não importa qual rótulo religioso estejamos usando, todos sabemos que não levaremos nada.

Mesmo sabendo de tudo isso, acabamos nos apegando a muitas coisas, principalmente às materiais e, de forma egoísta, queremos que tudo seja nosso.

Já falei, e torno a repetir: ter o que necessitamos para uma vida em boas condições não é pernicioso à nossa caminhada, o que é ruim de fato é o apego. Quando nos apegamos, infelizmente, nos imantamos e ficamos ligados, sejam coisas materiais ou pessoas que amamos e que não gostaríamos de deixar.

Isso nos acarretará uma série de problemas do lado de lá, pois não conseguiremos compreender o que nos está acontecendo, procuraremos por nossos familiares e teremos uma surpresa muito desagradável, pois eles não nos ouvirão, não nos verão, somente nos sentirão.

Essa sensação nem sempre é boa, principalmente pela falta de conhecimento que a grande maioria das pessoas tem em relação à vida no plano espiritual. A falta de fé e entendimento nos tortura e essas sensações são sentidas por quem se foi e pelos que ficaram aqui.

Tudo isso precisa ser evitado, e não existe nada melhor do que exercitarmos o desapego. Desapegar não quer dizer livrarmo-nos dos sentimentos que temos em relação aos que amamos, pelo contrário, é libertarmo-nos da sensação de posse, entendendo que nada nos pertence, que nada levaremos conosco, que o material simplesmente ficará por aqui, incluindo os nossos familiares.

Isso parece desumano, pois sabemos que todos nós sentimos muito quando um ente querido retorna ao plano espiritual, mas entendamos que não perdemos ninguém, nem para o lado de lá nem para o lado de cá.

Quem fica um dia voltará para lá e quem partiu antes, um dia virá receber os entes queridos que ficaram para oferecer o carinho e o amor que com certeza receberam daqueles que os precederam na viagem de volta.

Desapegar é amar sem a posse, desapegar é entender que simplesmente mudamos do estado sólido para o estado gasoso, como nos diria o escritor brasileiro Monteiro Lobato.

Capítulo 4
Destinação final

132. Qual é o objetivo da encarnação dos Espíritos?

– A Lei de Deus lhes impõe a encarnação com o objetivo de fazê-los chegar à perfeição. Para uns é uma expiação; para outros é uma missão. Mas, para chegar a essa perfeição, devem sofrer todas as tribulações da existência corporal: é a expiação. A encarnação tem também um outro objetivo: dar ao Espírito condições de cumprir sua parte na obra da criação. Para realizá-la é que, em cada mundo, toma um corpo em harmonia com a matéria essencial desse mundo para executar aí, sob esse ponto de vista, as determinações de Deus, de modo que, concorrendo para a obra geral, ele próprio se adianta. (O Livro dos Espíritos)

Para entender por que precisamos deixar de lado essa série de coisas, temos que pensar no que seremos amanhã; e isso é bem simples.

O Universo tem uma lei chamada Lei de Progresso. O que isso quer dizer? Quer dizer que tudo e todos progridem. Não existe a mínima possibilidade de não progredirmos. Sendo essa lei inexorável, a nossa função é fazer com que ela funcione e nos ofereça as oportunidades que precisamos para fazer esse progresso em nós mesmos.

Somos a única pessoa no Universo que conseguiremos mudar, sem a mínima possibilidade de estarmos errados. Todas as pessoas progredirão, mas a seu tempo, com a sua maneira de ser e de caminhar.

Se somos a única pessoa que podemos mudar, é interessante que tenhamos em mente que ninguém reencarna simplesmente por reencarnar. Nós temos uma programação reencarnatória que é feita em detalhes. Dentro desses detalhes, precisamos encontrar as oportunidades de crescimento e reconhecê-las. Elas aparecerão e nos mostrarão os objetivos que temos que atingir.

Todos nós temos objetivos a atingir; e quanto mais rápido conseguirmos chegar lá, mais rapidamente perceberemos os efeitos benéficos que essas pequenas conquistas fazem conosco.

Atingir os objetivos é essencial; e quanto mais rápido conseguirmos atingi-los melhor. Isso quer dizer que precisamos aumentar a nossa velocidade.

Para isso, temos uma dica básica de Jesus: Amar a Deus e amar ao próximo como a nós mesmos.

4.1 Amar a Deus

Entendamos que Jesus nos facilitou o trabalho em 50%, pois todos amam a Deus, de uma maneira ou de outra. Existem os que o amam explicitamente, admitindo a sua existência e há os que o amam implicitamente, ou seja, não o admitem, mas amam a sua criação.

Quando vemos os atributos de Deus, percebemos que é quase impossível não amar a Deus. Mesmo aqueles que não acreditam Nele, mais dia menos dia acabarão cedendo pela força das evidências. Vejamos algumas características de Deus, conforme nos apresenta Allan Kardec em *O Livro dos Espíritos*, cap. I, item 13.

DEUS É ETERNO

Se tivesse tido princípio, teria saído do nada, ou, então, também teria sido criado por um ser anterior a

Ele. É assim que, de degrau em degrau, exploramos o infinito e a eternidade.

É IMUTÁVEL
Se estivesse sujeito a mudanças, as leis que regem o Universo não teriam nenhuma estabilidade.

É IMATERIAL
Quer dizer que a sua natureza difere de tudo o que chamamos de **matéria**. De outro modo, Ele não seria imutável, porque estaria sujeito às transformações da matéria.

É ÚNICO
Se houvesse muitos deuses, não haveria unidade de pensamento nem unidade de poder na ordenação do Universo.

É ONIPOTENTE
Ele é porque é único. Se não tivesse o poder soberano, algo haveria mais poderoso ou tão poderoso quanto Ele, que então não teria feito todas as coisas. O que não fosse feito por Ele teria sido obra de outro deus.

É SOBERANAMENTE JUSTO E BOM
A sabedoria providencial das leis divinas se revela, assim, nas coisas mais pequeninas como nas

maiores, e essa sabedoria não permite divisão da justiça nem da bondade de Deus

Com todos esses atributos fica muito difícil não amar a Deus, e mesmo assim encontramos na pergunta nº 1 de *O Livro dos Espíritos* a grande razão, vejam só a genialidade de Kardec ao formular a pergunta:

O QUE É DEUS?

Ele poderia ter perguntado "quem" é Deus. Então, teríamos novamente o Deus de Moisés pairando por sobre toda a doutrina, mas ele pergunta "O que é Deus", transformando de maneira definitiva a ideia e a compreensão sobre Deus.

A resposta dos espíritos não deixa dúvidas:

"Deus é a inteligência suprema, causa primária de todas as coisas."

A resposta não deixa dúvidas, Deus simplesmente é a maior inteligência que existe e o começo de tudo o que quisermos pensar necessariamente passará por Deus, pois Ele é a causa e tudo o mais efeito.

Levando em consideração as explicações, chegamos à conclusão de que Jesus nos ofereceu, de mão beijada, 50% do trabalho que temos em relação ao amor; sobraram os outros 50%, ou seja, amar ao próximo.

4.2 Amar ao próximo

Em relação ao próximo, temos uma série de dificuldades, principalmente, porque achamos que somos melhores que ele, não acreditamos que determinados próximos sejam filhos de Deus, tamanha a aversão que desenvolvemos em relação a eles, seja pela convivência difícil que temos ou pelos preconceitos que vamos cristalizando ao longo da existência, devido ao orgulho que manifestamos em diversas ocasiões da vida, conforme explicamos anteriormente.

Isso nos faz ver a necessidade premente que temos de mudar em relação à maneira como encaramos o próximo, pois a clareza de Jesus em relação a isso não nos permite que fiquemos esperando eternamente que o próximo mude, sendo assim, o trabalho é exatamente esse: mudarmos o pensar e o agir com relação ao próximo. Essa mudança tem que acontecer e quanto mais rápido melhor.

4.3 Otimizando o aprendizado

Reconcilia-te depressa com o teu adversário, enquanto estás no caminho com ele, para que não aconteça que o adversário te entregue ao juiz, e o juiz te entregue ao oficial, e te encerrem na prisão.
Em verdade te digo que de maneira nenhuma sairás dali enquanto não pagares o último ceitil. (Mateus 5:25-26)

Ora, nós já vimos o caso de Usain Bolt, já refletimos que ele superou o problema nos quadris, já sabemos que ele larga mal e, principalmente, se recupera com muita rapidez, chegando em condições muito boas ao final da corrida.

Ele só consegue isso à custa de muitos exercícios e preparação, física e psicológica. Ele é corredor, tem que fazer exercícios para o corpo físico, afinal, é a parte que lhe garante a vitória em tantas corridas.

Nós não somos corredores, não estamos disputando uma medalha por nossos dotes físicos, mas temos que cuidar bem do corpo físico, só que com outros objetivos, garantindo que ele nos ofereça as condições necessárias para que possamos utilizá-lo da melhor maneira possível para que obtenhamos tempo suficiente para realizarmos nossa programação reencarnatória, sem esgotá-lo, sem comprometê-lo a ponto de não podermos utilizá-lo.

Cuidar do corpo físico é parte mais do que necessária na nossa caminhada, mas já vimos que não somos só corpo físico, somos espírito e que chegaremos ao *status* de espírito puro, mais dia menos dia.

Sabemos disso tudo, sabemos que precisamos acelerar a nossa caminhada, sabemos que não somos velocistas, pois temos um caminho muito grande pela frente, o que nos coloca como fundistas, ou seja, atletas de maratona.

Para o corpo físico temos exercícios apropriados que fazem com que o nosso corpo reaja, se fortaleça, crie resistência.

Para o espírito, temos, também, exercícios apropriados, que nos farão agir melhor, que nos fortalecerão espiritualmente, que nos darão resistência e resiliência, fazendo com que, a cada novo passo que dermos, possamos fazê-lo com segurança e consistência.

São exercícios para que nos aproximemos, principalmente, dos próximos que cruzam a nossa vida e dos próximos que estão em nossas vidas, os quais, muitas vezes, temos muita dificuldade em compreendê-los e entendê-los em seus níveis de evolução, em suas necessidades, em suas limitações.

Já sabemos que somos espíritos, que chegaremos ao lado de lá, mais dia menos dia, e que nosso corpo físico ficará por aqui, sendo assim os exercícios são para que o espírito que somos melhore, evolua e que chegue melhor na hora da prestação de contas que todos faremos à nossa consciência.

Claro está que a evolução é composta por uma série de fatores que vão nos modificando para melhor. Muitos deles estão interligados e acabam se tocando quando os vemos detalhadamente, assim não nos preocuparemos em oferecer muitos exercícios, pois veremos que exercitando amplamente alguns deles estaremos nos colocando lado a lado com Jesus, no pedido que ele nos faz para que amemos a Deus e ao próximo.

Trataremos, basicamente, de cinco pontos, sendo que quatro serão estados de espírito, coisas que sentimos e que podemos aumentar em nossa vida por meio de pequenas atitudes. O quinto elemento é um atributo da mente e, por isso, de suma importância,

MANOLO QUESADA

pois coloca os outros sob seu domínio, oferecendo as condições para que sejam exercitadas de maneira que possamos oferecer o máximo em eficiência. Vamos a eles...

Capítulo 5
Afetividade

Portanto, se trouxeres a tua oferta ao altar, e aí te lembrares de que teu irmão tem alguma coisa contra ti, deixa ali diante do altar a tua oferta, e vai reconciliar-te primeiro com teu irmão e, depois, vem e apresenta a tua oferta. (Mateus 5:23-24)

Quando pensamos em afetividade, temos que, obrigatoriamente, pensar em amor, pois ele é o maior valor que temos dentro de nós. A razão disso é muito simples: Deus é amor.

No entanto, ao pensarmos em amor, ficamos um pouco confusos e essa confusão é, basicamente, pelo nosso nível evolutivo, pois vemos muitas atitudes ditas de amor que não condizem com a nossa visão de amor.

Isso se explica pelos diferentes níveis evolutivos das pessoas que estão encarnadas em nosso planeta, que por ser um planeta de provas e expiações, oferece oportunidades de reencarnação para uma gama muito grande de espíritos.

Essa diversidade é a grande responsável por vermos muitas coisas que não concordamos em relação ao amor, mas ao entender os motivos disso tudo, tornam-se facilmente explicáveis.

Dessa maneira precisamos compreender que o amor, num planeta de provas e expiações, ainda tem a gama de variedades que a humanidade que o compõe tem, podendo ir do mais denso até o mais etéreo.

Por esse motivo, nós teorizamos o amor, encontramos definições, oferecemos exemplos, apresentamos belas frases de efeito, indicamos livros e tudo o que se refere ao amor. Em teoria, sabemos muito do amor, mas o amor não é teoria, é realidade. Quando nos deparamos com isso, vemos que não conhecemos o amor tão a fundo quanto necessitaríamos.

A nosso favor, temos o fato de não conhecermos o amor há muito tempo... e a pergunta é: Se Deus é amor, como não o conhecíamos? Isso é explicável, pois realmente só conhecíamos Deus e da forma como Moisés o transmitiu.

5.1 Moisés e Deus

Ouvistes que foi dito: Olho por olho, e dente por dente.
(Mateus 5:38)

Como era o Deus que Moisés nos transmitiu? Um Deus igualzinho que qualquer um de nós e isso porque as necessidades de Moisés naquele momento estavam de acordo com essa ideia.

A tarefa de Moisés era levar os hebreus que estavam escravizados no Egito para a Terra Prometida. Um detalhe importante marca essa decisão: ninguém sabia exatamente onde era a tal Terra Prometida.

Moisés havia sido educado como egípcio, tinha usufruído uma educação de alto nível, a melhor daquela época. Ele, ao ser revelado como hebreu, ficou um pouco preocupado, pois os hebreus no Egito somavam a fantástica soma de 40 mil pessoas.

Imaginemos uma caravana com 40 mil pessoas, vagando pelo deserto sem destino certo e tendo que se organizar para que o sucesso da empreitada fosse possível.

Todos nós sabemos das dificuldades que enfrentamos quando estamos à frente de um grupo: temos que lidar com os egos, com as necessidades, com as dificuldades e com as exigências de cada um, afinal, entendemos que tudo é necessário para que o grupo caminhe bem.

Esse entendimento é de hoje, não da época de Moisés.

Moisés, provavelmente, tenha sentido um aperto no coração, um nó na garganta, gostaria mesmo de não ter sido escolhido, mas não tinha jeito... Deus ordenou e pronto.

Imediatamente, diante dessa constatação, ele fez o mesmo... passou para todos a mesma ideia: Deus ordenou e pronto.

Só que com ele a coisa tinha que ser diferente, ele era um homem comum, com uma missão, sem dúvida, mas ainda um homem comum. Naquele momento, ele percebeu que poderia, como intérprete divino, utilizar as características humanas para fazer com que Deus fosse mais rapidamente "compreendido".

A partir daí, passou para Deus todas as nossas características, ou seja, criou Deus à nossa imagem e semelhança, transformando a divindade em um ser humano com ultrapoderes.

Vejamos algumas das características que Moisés implementou em Deus:

Tenebroso: um Deus que nos transmitia medo, um Deus que à simples menção de seu nome nos provocava verdadeiro horror fazendo com que nós o temêssemos em vez de amá-lo.

Passional: um Deus com todas as paixões que o ser humano possuía, ou seja, ficava zangado por qualquer coisa, tinha verdadeira ojeriza por questionamentos, fazia e desfazia de acordo com o seu bel prazer.

Violento: certo dia Moisés recebeu a incumbência de receber a lei, os dez mandamentos, sendo que, para isso, teve que subir ao Monte Sinai, lá ficando por 40 dias e 40 noites. Foi um verdadeiro espetáculo de ectoplasmia, pois a lei foi escrita por Deus, simplesmente. Passados os 40 dias, Moisés regressa ao convívio dos demais, trazendo as pedras onde a lei havia sido gravada. Quando chegou encontrou o povo comemorando junto ao bezerro de ouro, divindade dos tempos da Babilônia. Vendo isso, Moisés ficou enfurecido, jogou as pedras ao chão, elas se despedaçaram e ele disse ao povo que Deus estava irado. Nessa noite, devido a intrigas entre os que estavam a favor e contra a saída do Egito, foram mortas mais de 3 mil pessoas. Isso não pode ter sido obra de Deus, pois que pai mataria seus filhos simplesmente por terem opiniões diferentes? Sem dúvida isso foi coisa de Moisés, que precisava mostrar o pulso firme para garantir que todos chegassem a tal Terra Prometida.

Parcial: parcialidade é marca registrada do Deus que Moisés nos ofereceu. Vemos em várias passagens do antigo testamento. Uma delas, das mais interessantes, é o dilúvio que se abateu sobre a humanidade. Deus estava superchateado conosco e resolveu terminar com tudo e com todos, para isso, mandaria uma quantidade de água nunca antes vista neste planeta, o tal dilúvio. Só que Deus tinha uma quedinha por Noé, que era temente à sua autoridade. Diante disso, resolveu que ele ficaria encarregado de, após o dilúvio, reorganizar a vida por meio da sua família e dos animais, em pares, que ele levaria consigo na arca que construiria. Foram meses de construção e ninguém entendia por que, afinal, o tempo não estava mostrando que tanta água viria e não entendiam as palavras de Noé. O certo é que, terminada a construção da arca, a chuva veio... e veio com tudo. Alagou tudo... 40

dias e 40 noites depois, a chuva passa, as águas tomam o seu nível normal e, finalmente, a arca atraca... Descem de lá, Noé e sua família e os animais aos pares. A pergunta que nos fazemos é simples: onde estava o resto da humanidade? Mortos por afogamento. Que Deus faria tal coisa? Isso é simplesmente revoltante. Essa parcialidade é nossa, não de Deus.

Vingativo: de repente, sem essa nem aquela, somente porque o pessoal de Sodoma e Gomorra não vivia como a maioria das pessoas, Deus, pura e simplesmente, resolveu acabar com as cidades. Nem Jacó, homem como qualquer outro, pensou tamanha brutalidade. Tentou dissuadir o Todo Poderoso, mas foi em vão. Só conseguiu liberar o sobrinho Ló e, assim mesmo, com uma condição: que não olhasse para trás ao sair da cidade em ruínas. Ele conseguiu, mas a mulher dele não. Resultado? Virou uma estátua de sal... puro capricho do Todo Poderoso! Uma verdadeira negação ao amor, à compreensão e ao livre-arbítrio.

Dessa maneira e com essas características, quem, em sã consciência, associaria Deus ao amor?

Ninguém!

Quando conhecemos o amor?

Essa pergunta é de fácil resposta. Se não identificávamos o amor aos tempos de Moisés, precisávamos crescer espiritualmente para que Deus nos mandasse alguém que nos mostrasse, literalmente, que Deus é amor.

Essa pessoa todos nós sabemos quem é: Jesus.

5.2 Jesus e Deus

Um novo mandamento vos dou: Que vos ameis uns aos outros; como eu vos amei a vós, que também vós uns aos outros vos ameis. (João 13:34)

Isso quer dizer que conhecemos o amor na pessoa de Jesus. Conhecemos o amor tirado do papel, colocado na vida real, exemplificado em toda a sua extensão e em todos os matizes capazes de captarmos naquela ocasião.

Jesus nos mostrou que o amor existia e, principalmente, que era lei de Deus e que todos nós conhecíamos essa lei, só que não conseguíamos tirá-la do papel e, dessa forma, não a vivenciávamos.

Então nasceu Jesus, para que compreendêssemos que nada vale sem o amor, que tudo o que existia antes não era a verdade, pois como ele mesmo nos disse, conheceríamos a verdade e a verdade nos libertaria.

Naquele momento, a nossa parcela de verdade precisava ser aumentada e esse aumento da verdade somente seria possível com o aumento de nossa capacidade de amar.

Por ter vindo em época tão conturbada, os seus ensinamentos foram, muitas vezes, questionados. Muitos pensavam que ele tinha vindo para instituir uma nova lei, que destoava dos ensinamentos de Moisés, mas ele deixou tudo muito claro ao afirmar que não tinha vindo para revogar a lei, mas para dar-lhe cumprimento. Isso quer dizer que a lei já existia e o que se fazia necessário era cumpri-la.

Além disso, Jesus nos mostrou como cumpri-la. De maneira simples, como era a sua maneira de educar, ele nos mostrou como amar a Deus e ao próximo.

Questionado pelo fariseu sobre o que era necessário fazer para ganhar a vida eterna ele respondeu que o fariseu procurasse na lei. O fariseu procurou e encontrou, numa nítida prova que a lei já existia, mas ele não ficou satisfeito, pois queria que Jesus entrasse em contradição para facilitar a sua prisão e morte.

Para forçar uma possível blasfêmia por parte de Jesus, maliciosamente o fariseu lhe pergunta quem seria o próximo.

Jesus, vendo que o fariseu não se daria por satisfeito, conta uma das parábolas mais elucidativas em termos de amor e caridade: a parábola do bom samaritano.

Todos nós conhecemos essa parábola em detalhes, mas não temos exatamente a noção do que Jesus quis dizer com ela. Ficamos pensando que é simplesmente uma mostra do seu caráter reto, mas ela vai além.

Essa parábola é um convite, feito por Jesus, para que nos amemos, incondicionalmente. Pelos detalhes, vamos chegando a essa conclusão. Primeiro detalhe, nenhum dos personagens tem nome, um indício evidente de que não precisamos saber o nome de quem ajudamos nem precisamos saber o nome de quem nos ajudou. O que era importante saber era a disposição que cada um tem de ajudar, de amar.

Percebamos que quem dominava as sinagogas foram os que menos se preocuparam com a vítima, numa atitude de absoluta valorização do exterior, afinal, eram personagens importantes na sociedade de então.

O samaritano, figura deplorada por todos, surge como uma opção para que a vítima não perdesse a vida por falta de socorro. Ele não tinha a mínima importância na sinagoga ou em qualquer outro lugar, simplesmente porque os samaritanos adoravam a Deus diferentemente dos judeus, sendo esse o motivo suficiente para que fossem deixados à margem da sociedade.

Jesus nos demonstra, mais uma vez, o seu amor por todos, indicando que a diversidade e a pluralidade seriam as tônicas do seu discurso.

O samaritano coloca à disposição do outro tudo o que o outro precisava: cuidados médicos, pousada e dinheiro, sem exigir nada em troca.

Terminada a história, Jesus pergunta ao fariseu quem teria sido o próximo da vítima. Como, então, o fariseu não tinha mais dúvidas, provavelmente, a contragosto, responde que fora o samaritano, ao que Jesus indica a todos que façam o mesmo para que tenham, dessa forma, a vida eterna garantida.

O que o samaritano fez de tão excepcional? Simplesmente colocou em prática a lei que já existia, a mesma lei que Jesus veio dar cumprimento.

Jesus é insistente em termos de amor, tudo ao redor dele converge para o amor, não há nada que fuja dessa lei. Quando estava para deixar o planeta, reuniu os apóstolos para falar das coisas que aconteceriam com ele e para falar de amor. Ao finalzinho da reunião, ele olha para todos os apóstolos e deixa o que seria uma das suas últimas vontades:

> *Um novo mandamento vos dou: Que vos ameis uns aos outros; como eu vos amei a vós, que também vós uns aos outros vos ameis. Nisto todos conhecerão que*

sois meus discípulos, se vos amardes uns aos outros.
(João 13:34-35)

O porquê da insistência de Jesus em relação a isso é claro e evidente: só avançaremos, evolutivamente falando, se nos amarmos, não existe outra maneira. Podemos adquirir todo o conhecimento do mundo, mas se não tivermos amor nada seremos, como nos disse claramente Paulo de Tarso, na sua carta aos Coríntios.

Para que aumentemos a nossa capacidade devemos amar, capacitando-nos para uma vida melhor, em planetas melhores, somente com o exercício constante. Para isso, temos diversas oportunidades durante a vida, em todos os setores em que atuarmos, não importando se estamos trabalhando em família ou em qualquer outro momento.

Esse exercício dever ser dirigido a toda a criação, passando por objetos, plantas, animais, pessoas e em relação a nós mesmos.

5.3 Exercício e mudança

Não julgueis, para que não sejais julgados.
Porque com o juízo com que julgardes sereis julgados,
e com a medida com que tiverdes medido vos hão de
medir a vós. (Mateus 7:1-2)

Muitas vezes nos deparamos com pessoas que ainda não desenvolveram o amor a tudo, mas a pequena parte da criação, como objetos, por exemplo. Ficamos preocupados com o "egoísmo" delas, pois pensamos que essa forma de amor não vale a pena; no entanto, estamos redondamente enganados, pois como disseram Beto Guedes e Milton Nascimento, na música *Paula e Bebeto*, "qualquer maneira de amor vale a pena", e nisso está todo o mistério da nossa caminhada, nada se perde, simplesmente vamos agregando valor à nossa existência.

O mesmo acontece com quem dedica acentuada parte de sua vida ao cultivo e à conservação de plantas, transformando sua casa ou apartamento em verdadeira estufa de tanta planta que vai comprando e incorporando ao acervo. Podemos pensar da mesma forma em relação ao egoísmo, e a resposta é exatamente a mesma: é a maneira que a pessoa tem de manifestar o amor neste momento.

Com as pessoas que se dedicam aos animais de estimação, a mesma coisa, exercitam o amor da maneira que melhor conhecem, dedicando parte muito grande de sua vida à defesa e preservação de animaizinhos que, sem essa ajuda, ficariam em maus lençóis.

Todos caminhamos para esse amor maior que Jesus nos mostrou. O exercício constante é a única maneira de conseguirmos ampliar a nossa visão de amor, mas precisamos atentar a um detalhe muito importante. Jesus nos pede que amemos o próximo da mesma forma que nos amou.

Isso quer dizer que, para amar o próximo de maneira boa, devemos nos amar também. Entender que se não nos amarmos não estaremos cumprindo com essa regra, afinal, o que poderemos oferecer ao próximo se não nos oferecemos nada a não ser o sentimento de rejeição que sentimos por nós mesmos?

É urgente que mudemos essa maneira de viver para entender que somos o que somos e necessitamos para esta encarnação. Nada impede que mudemos, que nos esforcemos para estarmos melhor, seja em relação à nossa aparência, em relação ao nosso conhecimento ou, mesmo, em relação à nossa posição social. Devemos nos esforçar e oferecer a nós mesmos o melhor que pudermos, dentro das nossas possibilidades de agora, mas tendo em vista que precisamos nos superar em todos os setores da vida, pois só assim estaremos a caminho de amar a tudo e a todos, indistintamente.

Para que isso se transforme em nossa vida temos que exercitar, juntamente com o amor, outro estado de espírito... Vejam a seguir...

Capítulo 6
Alteridade

E, estando Jesus em Betânia, em casa de Simão, o leproso, aproximou-se dele uma mulher com um vaso de alabastro, com unguento de grande valor, e derramou--lho sobre a cabeça, quando ele estava assentado à mesa. E os seus discípulos, vendo isto, indignaram-se, dizendo: Por que é este desperdício? Pois este unguento podia vender-se por grande preço, e dar-se o dinheiro aos pobres. Jesus, porém, conhecendo isto, disse-lhes: Por que afligis esta mulher? Pois praticou uma boa ação para comigo. (Mateus 26:6-10)

Quando olhamos para a palavra **alteridade**, ficamos sem entender o que ela quer dizer. Seu significado, no dicionário, indica que vem a ser alguma coisa relativa ao outro, ao contrário de identidade, que significa alguma coisa nossa.

Para entendermos muito bem o que essa palavra significa, basta olhar, não o dicionário, mas a vida. É só olhar ao nosso redor para que comecemos a entender a grandeza do planeta em que vivemos.

A todo momento nos deparamos com surpresas que são colocadas todos os dias para que os nossos dias sejam sempre de alegria e felicidade. Muitas vezes não conseguimos compreender tudo o que nos envolve e nos dedicamos a ver somente o que não nos dá prazer, os nossos piores momentos.

Alteridade também é assim, ficamos perdendo tempo querendo que o outro seja exatamente o que nós somos, esquecendo que cada um é como é. Em vez de ficarmos felizes e alegres com a possibilidade de aprender coisas novas, ficamos tristes, pois os outros não conseguem ver como somos perfeitos e não querem ser como nós... tristeza infinita.

Por que será que não conseguimos compreender que o outro tem tanto direito a ser feliz, à sua maneira, quanto nós? Porque imaginamos que Deus nos criou para que sirvamos de exemplo para todos. Basta dar uma olhadinha no que temos feito pela vida afora para percebermos que não somos tão bons quanto pensamos que somos e que, para nossa alegria, temos muito o que aprender com os que estão compartilhando conosco esta encarnação.

Basta que olhemos à nossa volta e perceberemos todo o carinho e cuidado com que Deus cuida da sua seara, o Universo.

Não existem duas pessoas iguais... constatação fácil e inequívoca, o que nos garante a certeza de que, para Deus, somos filhos únicos.

Mas por que tanta diversidade, tanta diferença; que explicação teríamos para toda essa imaginação de Deus?

Podemos começar respondendo pela criação segundo Moisés, que colocou de maneira didática e cronológica como as coisas aconteceram. Certo está que não podemos entender que tudo tenha se passado da maneira como está descrito, mas a sequência é bem lógica e a ciência não tem explicação muito melhor para o que tenha acontecido, ficando apenas o tempo como grande fator de discordância, pois fica muito difícil acreditar que as coisas tenham acontecido assim, num passe de mágica, como Moisés coloca.

Apesar de tudo isso, se colocarmos não como dias, mas como períodos, chegaremos à conclusão de que é plausível e que Moisés foi um grande inspirado para a transmissão do conhecimento sobre as coisas divinas.

6.1 A criação mosaica

Vejamos a criação segundo Moisés, que está em Gênesis, cap. 1: 1-31 e que aqui apresentamos resumidamente:

1º dia – *céu, terra, a luz.*
2º dia – *o firmamento; separação das águas acima e abaixo do firmamento.*
3º dia – *a terra, os mares e as plantas.*
4º dia – *o sol, a lua e as estrelas.*
5º dia – *os peixes e os pássaros.*
6º dia – *os animais terrestres e o homem.*

Parece impossível que tudo tenha saído simplesmente do nada, mas a ciência nos mostra que, segundo a teoria do Big Bang, o Universo formou-se de uma explosão de partículas que, ao se combinarem umas com as outras, formaram e continuam formando todas as formas que vemos.

É também uma explicação, não aceita por todos, pois, afinal, somos muitos e temos pensamentos diferentes.

De qualquer forma, temos que pensar em alguma coisa, pois não viemos do nada, alguma inteligência organiza essas forças e faz com que tudo apareça. O certo é que o Universo está aí, o planeta está aqui e nós também. Desde a nossa aparição pelo planeta, não paramos mais de andar e modificar a paisagem por onde passamos.

Essa nossa caminhada foi registrada, por meio de muitos estudos, pela Fundação Bradshaw, em associação com Stephen Oppenheimer. Eles conseguiram mostrar toda a nossa caminhada, a partir de um ponto na África, lugar onde começamos a existir, até que conquistamos o planeta todo e alçamos voos mais altos, chegando até a Lua.

Essa caminhada, essas idas e vindas, nos marcaram e nos modificaram de acordo com o clima, temperatura, condições geofísicas, costumes, fazendo com que cada grupo ganhasse características distintas, mostrando, dessa forma, a imensa diversidade que se criaria, por meio da intersecção de culturas, povos e características étnicas.

Essas andanças e modificações são a causa das diferenças físicas e morais que diferenciam as diversas etnias no planeta Terra.

6.2 Diferenças e igualdade

52. De onde vêm as diferenças físicas e morais que distinguem as variedades de raças humanas na Terra?

– Do clima, da vida e dos costumes. Aconteceria o mesmo com dois filhos de uma mesma mãe que, se educados longe um do outro e de maneira diferente, não se pareceriam em nada quanto ao moral. (O Livro dos Espíritos)

Essa resposta dada pelos espíritos que ajudaram na Codificação[3] nos dá a certeza de que somos todos iguais perante as leis da natureza, pois nenhuma lei é somente para esse ou aquele povo, para essa ou aquela etnia, as leis naturais são para todas as pessoas.

---

3. **Codificação** é o conjunto de obras organizadas por Allan Kardec para dar corpo à Doutrina Espírita. É formado pelos seguintes livros: *O Livro dos Espíritos, O Evangelho Segundo o Espiritismo, O Livro dos Médiuns, A Gênese* e *O Céu e o Inferno.*

Portanto, somos todos iguais na dependência em relação aos nossos pais, pois não temos a mínima condição de nos alimentar, de nos higienizar, de nos dessedentar, sem o concurso deles. Essa é a característica que faz com que nós nos coloquemos de forma solidária em relação aos que estão conosco nesta caminhada, pois se não cuidarmos dos nossos filhos eles, simplesmente, morrerão.

Essa dependência também nos ajuda a amar os que nascem no seio de nossa família, pois não há pessoa, em sã consciência, que não se enterneça por um sorriso de criança, por uma travessura dos pequeninos, por um gesto de amor e carinho que nos fazem sem que sequer tenhamos pedido.

Outro fator que nos iguala é que todos nós sentimos dores, não havendo ninguém isento de algum tipo de dor, qualquer dano ao corpo físico será imediatamente identificado, porque a dor proveniente disso será levada ao nosso cérebro para que possamos tomar as medidas necessárias.

As dores físicas são as de menor importância, pois são relativamente fáceis de serem eliminadas, bastando que sejam identificadas, medicadas e pronto.

As dores da alma não, essas são de mais difícil cura, pois dependem de muitos fatores, sendo que o principal desses fatores somos nós mesmos, pois dependendo da maneira como encaramos as coisas em nossa vida podemos melhorar ou piorar o estado em que nos encontramos. Quando não conseguimos superar uma dor moral sozinhos, o ideal é que procuremos ajuda profissional que possa nos avaliar e, por meio da terapia adequada, nos colocar de novo no caminho do crescimento.

Por tudo isso se vê que não temos superioridade natural sobre ninguém e que somos literalmente iguais, a começar pelo nascimento, pois nascemos todos da mesma maneira e, da mesma forma, desencarnamos, ou seja, não adianta querer levar tudo o que amealhamos para o lado de lá, pois como se diz por ai: caixão não tem gaveta. Chegaremos do lado de lá sem nada de material, somente com as conquistas que já efetivamos e com as que, mais dia menos dia, efetivaremos.

Não poderia ser de maneira diferente, pois Deus não faz a mínima diferença entres seus filhos e nos cria a todos da mesma maneira: simples e ignorantes.

A partir daí, vamos conquistando nossa individualidade por meio das diversas encarnações onde teremos as experiências que necessitamos para o nosso crescimento intelectual e moral.

Essas experiências abrangem todos os setores de nossas vidas a começar pelos pais que tivemos, pela família que escolhemos, pelas condições sociais e econômicas, pelas nossas escolhas profissionais e, principalmente, pelas nossas experiências amorosas.

No caso das experiências amorosas, gosto de falar da adolescência, pois é a época em que sentimos essas experiências em toda a sua intensidade. Os adolescentes são receptivos a tudo e respondem de maneira muito intensa ao fogo das paixões. Tudo é vivido de maneira a não deixar dúvidas, nada de mais ou menos, é simplesmente tudo ou nada.

Isso tudo vai formando o nosso repertório de conquistas, a nossa história; e como não existe ninguém com a nossa história, a não ser nós mesmos, devemos nos reconhecer como filhos únicos de Deus.

Só que isso acontece com todos e, dessa forma, temos que ter respeito com todos. Respeito é condição fundamental em todas as nossas relações e nisso está o valor da alteridade.

A alteridade nos faz aceitar as diferenças, pois compreendemos que não há possibilidade de sermos iguais e como não somos iguais, nos oferece a possibilidade do aprendizado com as experiências alheias, trazendo para as nossas vidas muitas coisas que não teríamos se fôssemos todos iguais.

Outra coisa que a alteridade nos oferece é a possibilidade da compreensão de que estamos em diferentes níveis de entendimento e evolução, porque não fomos criados todos ao mesmo tempo, Deus trabalha constantemente, e cria, igualmente, o tempo todo. Dessa forma,

EVOLUIR É SIMPLES, NÓS É QUE COMPLICAMOS

temos espíritos que se individualizaram antes e outros que se individualizaram depois.

A nossa aceitação para os que ainda não pensam como nós, ou que não agem como nós agimos, é sinal evidente de progresso e de crescimento espiritual. Esse crescimento espiritual nos faz perceber que somos todos iguais perante a nossa paternidade e que podemos tomar as mesmas atitudes que, muitas vezes, criticamos nos outros, dependendo somente do momento e da oportunidade.

Essa constatação nos torna menos orgulhosos, fazendo com que tenhamos mais humildade ao olharmos para os nossos semelhantes.

Capítulo 7
Humildade

Naquela mesma hora chegaram os discípulos ao pé de Jesus, dizendo: Quem é o maior no reino dos céus?

E Jesus, chamando um menino, o pôs no meio deles, e disse: Em verdade vos digo que, se não vos converterdes e não vos fizerdes como meninos, de modo algum entrareis no reino dos céus.

Portanto, aquele que se tornar humilde como este menino, esse é o maior no reino dos céus.

E qualquer que receber em meu nome um menino, tal como este, a mim me recebe. (Mateus 18:1-5)

Vamos falar um pouco sobre o *Sermão da Montanha*, o mais importante discurso proferido por Jesus durante a sua permanência no planeta. Ele fez quatro discursos ou sermões: *O Sermão da Montanha, O Sermão Profético, O Sermão do Cenáculo* e *O Sermão dos Oito Ais.*

Todos eles são importantíssimos nos aspectos que abordaram, mas o mais consistente e importante para todos nós é, sem dúvida, *O Sermão da Montanha*, pois nele Jesus traça a rota que devemos seguir para atingirmos o *status* da perfeição. Nesse sermão, estão os caminhos da felicidade, que nada mais são do que as bem-aventuranças. As bem-aventuranças nos mostram maneiras de conseguirmos a felicidade no futuro e, também, agora. Não nos alongaremos, pois com tempo nos dedicaremos a elas em novo livro.

No momento, basta-nos que vejamos um pouco do que nos diz a primeira bem-aventurança: "Bem-aventurados os pobres de espírito, porque deles é o reino dos céus" (Mateus 5:3).

Os pobres de espírito nada mais são do que os humildes, cabendo aqui uma consideração sobre o pensamento que normalmente temos sobre o que seja humildade, pois, normalmente, associamos humildade a ter ou não dinheiro, o que não é exatamente verdade.

Existem muitas pessoas que não têm dinheiro e que não são humildes, pois não conseguem aceitar as coisas que lhes acontecem e, muito menos, a ajuda que possa minimizar a situação.

Por outro lado, existem pessoas com muito dinheiro, que não se utilizam dessa facilidade para ostentar ou para se fazer passar por melhor do que sejam.

Devemos entender a humildade como a capacidade que devemos ter de saber exatamente até onde podemos ir, nem mais nem menos.

Se não tivermos essa percepção nos acharemos escolhidos, marcados com um sinal de mais na testa, ocasionando a falsa impressão de que somos melhores, fazendo com que evidenciemos o orgulho que temos dentro de nós e, literalmente, orgulho e humildade não são parceiros de caminhada.

Também se nos achamos desfavorecidos pela sorte, nos acharemos deserdados, marcados com um sinal de menos na testa. Isso fará com que nossa autoestima atinja níveis tão baixos que precisaremos de um guindaste para subirmos um pouquinho, porque nos acharemos incapazes de tudo e reclamaremos excessivamente da vida, o que nos fará mais deserdados ainda, desenvolvendo a síndrome do patinho feio, quando a pessoa acha que tudo é contra ela e que vemos muito em desenhos animados, como o Lippy e Hardy.

O Lippy, que é um leão boa praça, está sempre de bem com a vida, enquanto o Hardy, que é uma hiena, está sempre de mal com a vida e esperando sempre que o pior aconteça.

Para evitarmos esses dois comportamentos, devemos ter em mente que o sinal que temos marcado na testa é o sinal de igual. Nem mais, nem menos.

7.1 Autoconhecimento

Só que dificilmente conseguiremos isso se não nos conhecermos razoavelmente e, para isso, precisamos prestar atenção em nós mesmos e deixar de lado a vida alheia, pois dessa forma perdemos muito tempo e não caminhamos dentro dos nossos propósitos. O propósito da vida é que nós melhoremos, e para isso não temos alternativa: temos que nos conhecer, saber o que já conquistamos em termos de virtudes e o que ainda temos a conquistar, pois os defeitos que temos são o nosso alvo imediato. Claro que não conseguiremos, em uma só encarnação, mudar totalmente, mas é importante que consigamos vencer alguns dos nossos desafios para que possamos continuar cada vez mais leves e elevados espiritualmente.

Quando olhamos para nós mesmos, com olhos críticos, nos assustamos, pois vemos muito mais defeitos do que qualidades, mas temos que entender que isso é

MANOLO QUESADA

o natural em um mundo de provas e expiações, sendo esse o motivo de aqui estarmos, se já não tivéssemos tanta coisa a melhorar já estaríamos em mundos superiores a este.

7.2 Eternos aprendizes

Para que consigamos superar nossas más qualidades, precisamos aprender coisas novas, novas maneiras de agir e só conseguiremos isso de nos colocarmos como aprendizes diante da vida, que nada mais é do que uma professora que vai nos ensinando à medida que necessitamos e nos colocamos à disposição para fazer os exercícios que ela nos propõe.

É fundamental que nos coloquemos diante da vida como espíritos sequiosos de conhecimento, para que realizemos a nossa caminhada com mais vontade, determinação e entusiasmo.

Entusiasmo é de suma importância em nossas vidas, pois nos oferece a alegria que precisamos sentir a cada novo passo conquistado, a cada novo entendimento que atingimos em nossa realidade.

A percepção disso tudo, particularmente do fato de que estamos aqui para aprender, vai colocando

MANOLO QUESADA

mais e mais felicidade em nossa vida e o próximo passo é ver o que o contentamento pode fazer por nós.

Capítulo 8
Contentamento

Ora, havia naquela mesma comarca pastores que estavam no campo, e guardavam, durante as vigílias da noite, o seu rebanho. E eis que o anjo do Senhor veio sobre eles, e a glória do Senhor os cercou de resplendor, e tiveram grande temor. E o anjo lhes disse: Não temais, porque eis aqui vos trago novas de grande alegria, que será para todo o povo: Pois, na cidade de Davi, vos nasceu hoje o Salvador, que é Cristo, o Senhor. (Lucas 2:8-11)

Em relação ao contentamento, precisamos nos conscientizar que contentamento, antes de tudo, é conquista. Ninguém é capaz de ficar contente sem que isso esteja dentro dele e mais, esse é nosso verdadeiro estado de espírito.

Partamos do seguinte ponto: Deus é amor, nos ama infinitamente e deseja que nós alcancemos a felicidade, pois seria muito estranho que uma entidade que se diz amor nos criasse para o sofrimento simplesmente.

O contentamento já está dentro de nós, assim como todas as virtudes que descobriremos com o tempo. Seria mesmo irracional acreditar que uma entidade, um ser absolutamente perfeito como Deus, nos criasse imperfeitos. Seria a própria negação da divindade.

Pela lógica, entendemos que já somos perfeitos; com todas as características da perfeição relativa que teremos, o nosso trabalho é ir descobrindo, através do tempo, pelo aprendizado constante a melhor maneira de colocar essas virtudes no dia a dia.

O contentamento não foge à regra, bastando que atentemos para alguns detalhes para vermos que já possuímos essa qualidade, ainda que intermitente, em nossa vida.

8.1 O que dá pra rir dá pra chorar

Quando Cristo disse: Bem-aventurados os aflitos, pois deles é o reino dos Céus, *não se referia àqueles que sofrem em geral, pois todos os que estão na Terra sofrem, estejam ou num trono, ou na extrema miséria. Mas poucos sabem sofrer, poucos compreendem que somente as provas bem suportadas podem conduzir o homem ao reino de Deus. O desânimo é uma falta. Deus vos recusa consolações se vos falta coragem. A prece é a sustentação para a alma, mas não é suficiente: é preciso que se apoie sobre uma fé viva na bondade de Deus. Jesus vos disse muitas vezes que não se colocava um fardo pesado sobre ombros fracos, e sim que o fardo é proporcional às forças, como a recompensa será proporcional à resignação e à coragem. A recompensa será tão mais generosa quanto mais difícil tiver sido a aflição. Mas é preciso merecer a recompensa e é por isso que a vida*

MANOLO QUESADA

está cheia de tribulações. (*Lacordaire – Havre, 1863,*
O Evangelho Segundo o Espiritismo, cap. 5, item 18)

O que acontece quando as coisas estão caminhando do jeitinho que a gente gosta? Como nos sentimos quando a nossa conta bancária está colorida de um azul que enche os olhos? Como nos parece a vida quando os nossos sentimentos são correspondidos e nos sentimos como verdadeiros querubins, voando em céu azul?

Viu só? Claro que a resposta para essas questões é simples. Contentes com o que nos acontece naquele momento, nos sentimos felizes.

Outra questão, para que vejamos o reverso da moeda. Como nos sentimos quando as coisas não andam muito bem para o nosso lado, quando o gerente do banco nos liga para que cubramos o saldo que está no vermelho, quando o amor que sentimos por alguém não é correspondido?

Viu só? Exatamente o oposto, nos sentimos muito mal, queremos nos isolar da vida, queremos enfiar a cabeça em um buraco para que tenhamos a impressão que a humanidade inteira acabou e que, sozinhos, já estamos com os problemas resolvidos.

Mais uma pergunta: Qual a única constante do Universo?

Se responderam que é a mudança, acertaram em cheio. Ela é a única coisa que vira e mexe está em nossas vidas. Está em todo o Universo por meio da ação do tempo e das nossas ações em relação ao que fazemos para conquistar o que queremos. Isso nos modifica também, pois não há um único ser que pense da mesma forma há algum tempo. Nós estamos constantemente em estado de mudança, não fosse isso a evolução seria um mero sonho, algo inalcançável, uma negação do amor de Deus.

Se ficamos contentes quando as coisas estão boas para o nosso lado e se temos consciência que a mudança é a única constante do Universo temos que nos preparar para quando isso mudar, ou seja, temos que encarar as coisas que nos acontecem como lições que vamos tendo com a vida, para que possamos aumentar o nosso repertório e responder a todas as questões que nos forem colocadas, ou seja, temos que nos adaptar às circunstâncias da vida.

Nem sempre encontramos o cenário ideal para que estejamos contentes, e, por isso, temos que nos acostumar a pensar em soluções e não em problemas.

Se perdermos muito tempo em lamentações e queixas, deixaremos passar a solução que, muitas vezes, aparece sem que a notemos, de tanto que reclamamos da vida.

Ver a vida com olhos de felicidade é o primeiro e grande passo que precisamos dar para que o contentamento e, em última análise, a felicidade, bata em nossa porta e se instale de vez.

8.2 Espíritos imortais

Contudo, não se deduza das minhas palavras que a Terra esteja destinada para sempre a ser uma penitenciária; certamente que não! Dos progressos já realizados podeis facilmente deduzir os progressos futuros, e dos melhoramentos sociais já conquistados, novos e mais ricos melhoramentos surgirão. Esta é a grandiosa tarefa que deve realizar a nova doutrina que os Espíritos revelaram.

Assim sendo, meus queridos filhos, que um santo estímulo vos anime e que cada um dentre vós se liberte energicamente do homem velho. Consagrai-vos à divulgação do Espiritismo, que já começou a vossa própria regeneração. Cumpre-vos o dever de fazer vossos irmãos participarem dos raios dessa luz sagrada. Mãos à obra, meus queridos filhos! Que nesta reunião solene todos os vossos corações se elevem a esse grandioso objetivo de preparar, para as gerações futuras, um mundo onde a felicidade não será mais uma palavra sem valor. (François-Nicolas-Madeleine – Cardeal Morlot – Paris, 1863, *O Evangelho Segundo o Espiritismo*, cap. 5, item 20)

Todos nós sabemos que precisamos de uma série de coisas para que as nossas condições de vida sejam satisfatórias, mas esquecemos que o grande fator para que isso aconteça é que estamos vivos.

Estando vivos, e entendamos que nunca morremos, sempre existe a possibilidade de mudança de jogo, de situação, dependendo do que fizermos em relação a isso.

Sabemos que as coisas materiais são necessárias, pois um planeta como o nosso, de provas e expiações, nos pede que tomemos providências em termos materiais, mas isso é pensar somente no agora. Devemos ter em conta que, mais dia menos dia, estaremos em outro planeta, mais avançado, sem tantas necessidades materiais e que seremos o mesmo espírito, em outro corpo, mas com todas as conquistas que efetivamos para merecer esse novo estágio.

Isso quer dizer que o material importa, sim, mas é tão somente, condição para que melhoremos o nosso nível de evolução para atingirmos um estágio espiritual mais elevado.

EVOLUIR É SIMPLES, NÓS É QUE COMPLICAMOS

Tudo é questão de aprendizado, e, por isso mesmo, precisamos desaprender uma série de coisas que estão arraigadas dentro de nós para que possamos substituí-las por coisas mais condizentes com nossa condição de espíritos imortais que somos.

A primeira delas é acabar com essa história de que temos um espírito. Não temos um espírito, nós somos o espírito, o que temos é um corpo físico. Basta ver o que vai e o que fica. O que vai para o lado de lá? O espírito imortal que somos. O que fica por aqui e que se decomporá com o tempo, voltando para o Fluído Cósmico Universal.[4] O corpo físico.

Por aí percebemos, exatamente, o que somos e o que temos. Percebemos, também, a efemeridade das coisas materiais e a continuidade do espírito imortal.

Entendemos que o material é, única e exclusivamente, veículo para que possamos ter as lições e aprendizados de que necessitamos para caminhar com mais rapidez e consistência rumo à nossa destinação final: espíritos puros.

---

4. **Fluído Cósmico Universal** é o agente de que o espírito se utiliza; é, também, o princípio sem o qual a matéria estaria em perpétuo estado de divisão e nunca adquiriria as qualidades que a gravidade lhe dá. É cósmico porque está espalhado por todo o espaço infinito formando seres e astros. É universal porque abrange todas as coisas e se estende a tudo.

8.3 Ver com bons olhos

O homem bom, do bom tesouro do seu coração tira o bem, e o homem mau, do mau tesouro do seu coração tira o mal, porque da abundância do seu coração fala a boca. (Lucas 6:45)

Se tudo isso é de fácil compreensão, por que insistimos em não ver o lado bom das coisas?

Nós estamos acostumados a reclamar de tudo e de todos, mas é preciso mudar isso, mudar o nosso viés em relação à vida.

Deixar de lado essa ladainha que estamos num vale de lágrimas e encarar a vida como uma longa e deliciosa caminhada, onde poderemos observar os campos floridos, os desertos, os cumes nevados e as planícies que se estendem a perder de vista e sentirmos a energia divina pulsando dentro de nós, numa cumplicidade entre Deus, os espíritos elevados e nós, espíritos ainda em elevação. Essa visão é mais facilmente adquirida quando percebemos Deus como um Pai que nos ama e quando percebemos que, apesar das dificuldades que possamos passar, podemos ter a certeza que um novo dia se abrirá, tal qual o sol reaparece aos nossos olhos depois da tempestade.

Em palavras simples e objetivas: ver o lado bom de todas as coisas, perceber que nada é para que soframos e sim para que aprendamos.

Para que coloquemos o contentamento em nossa vida é necessário que entendamos que a felicidade não é deste mundo, como diz o Cardeal Morlot, mas que não adianta sofrer sem buscá-la. Entendamos que temos que nos guiar pela sabedoria e é essa sabedoria que nos diz que Deus nos cria para felicidade, pois o átomo, o princípio inteligente, para alcançar o *status* de espírito puro, teve que aprender a ser feliz.

Só conseguimos ser felizes exercitando e lembrando de todos os momentos em que nos sentimos de bem com a vida, conosco e com a criação.

Esse exercício é fundamental para que tenhamos a sustentação necessária nos momentos em que não estejamos tão bem assim, para que possamos buscar novo alento e forças para continuar a caminhada e mostrar para os que estão conosco nesta jornada

EVOLUIR É SIMPLES, NÓS É QUE COMPLICAMOS

a verdadeira face do contentamento e da felicidade e não uma face que passa com o tempo.

Transformar a palavra felicidade como definitiva em nossa vida é trabalho dos mais urgentes e, para isso, precisamos buscá-las nas coisas que não terminam.

Capítulo 9
Equilíbrio

O que falta para que tudo isso dê certo em nossa vida? Falta o tal do atributo da mente, que nada mais é do que o equilíbrio, pois se não utilizarmos de todas essas ferramentas equilibradamente corremos um risco muito grande de não conseguirmos atingir os objetivos de maneira saudável e proveitosa.

Sendo atributo da mente, podemos dizer que o equilíbrio é irmão da sabedoria e, também, o caminho do meio, sendo que por meio dele podemos chegar a posições muito boas sem que tenhamos de sofrer por isso ou por aquilo.

9.1 Equilíbrio e afetividade

Na afetividade o equilíbrio nos orienta para que não transformemos os sentimentos em prisão ou dependência. Todos nós conhecemos pessoas ciumentas e sabemos como elas vivem aprisionadas no que chamam de amor...

O que pensa uma pessoa ciumenta? No que o parceiro ou parceira estará fazendo neste exato momento, com quem e em que situação estará. Isso é uma verdadeira prisão, não pode ser amor, pois o amor liberta. Quando estamos em equilíbrio e pautamos nossas atitudes com respeito a quem está ao nosso lado, compreendemos que, se estamos juntos, é porque confiamos um no outro. Dificilmente uma relação afetiva progride sem que haja confiança, cumplicidade e respeito. Isso só acontece quando confiamos e amamos, pois quem ama não prende, pelo contrário, liberta, dando ao outro as possibilidades que tanto esperou durante a encarnação. Oportunidades de realização pessoal ou profissional, pois nos tempos que vivemos todos nós sabemos que temos coisas a cumprir dentro do que nos propusemos quando reencarnamos e que, se tolhermos o parceiro ou parceira, nos seus ideais e objetivos, estaremos criando a infelicidade ao nosso próprio redor, e ninguém é feliz convivendo com a infelicidade alheia.

9.2 Equilíbrio e alteridade

Todos nós sabemos que as coisas não são mais as mesmas e que nada será como antes. A vida exigiu mudanças de comportamento e de relacionamento. Hoje temos uma tecnologia que nos envolve em todos os momentos, e, com essa tecnologia, temos notícias num simples conectar... O que isso significa? Velocidade!

Velocidade por meio dos cabos de fibra ótica, velocidade inimaginável há poucos anos, velocidade que nos obriga a constantes atualizações.

Só que não nos atualizamos em termos de relacionamentos na mesma velocidade que nos atualizamos em termos de tecnologia e isso provoca um descompasso entre o que pensamos e o que sentimos.

Pensamos que precisamos fazer tudo o que os outros fazem para que possamos nos sentir bem em relação ao que acontece, mas não é bem assim.

Não precisamos fazer o que os outros fazem se não nos sentimos bem, mas precisamos entender que, se o outro se sente bem, se o outro não nos ofende com suas atitudes e decisões, precisamos, no mínimo, respeitá-los no que sentem e fazem.

Literalmente, não precisamos concordar com tudo o que aparece por aí, pois muita coisa é só para uma estação; na próxima, aparecerão outras novidades e assim por diante, mas existem coisas que sempre existiram e que, pela velocidade com que somos bombardeados pela informação, tornam-se visíveis, oferecendo ensejo a que muitas vezes revejamos nossos pontos de vista em relação a este ou àquele assunto. Muitas vezes é um convite para que ofereçamos o nosso apoio e a sustentação necessária para que esta encarnação seja mais tranquila dentro dos conflitos interiores que cada um de nós trazemos em nosso interior.

Oferecer a compreensão, o entendimento, o respeito é de fundamental importância, mas o fazer isso ou aquilo é de foro íntimo.

Sem equilíbrio corremos o risco de nos transformarmos em seres preconceituosos por um lado, pois simplesmente não admitiremos as diferenças ou, por outro lado, sairemos por aí desfraldando bandeiras que não são as nossas, apesar de todo o respeito que nos merecem.

9.3 Equilíbrio e humildade

Também a humildade precisa ser equilibrada, pois não podemos associá-la ao quanto as pessoas têm de dinheiro, erro que muitos de nós cometemos ao assinalarmos esta ou aquela pessoa como humilde, pelo simples fato de não terem tanto dinheiro assim. Precisamos entender que a questão financeira não define o humilde, define pobreza ou riqueza, simplesmente.

Uma pessoa pobre não é, necessariamente, humilde. Em muitos casos a humildade passa tão longe dela quanto o dinheiro.

O caso contrário também é verdadeiro, pois encontramos muitas pessoas que, apesar do muito dinheiro que tem, não ostentam e não se comportam de maneira a humilhar quem quer que seja por possuírem menos do que elas.

Como já falamos, humildade é sabermos até onde conseguimos ir e, a partir daí, procurar ajuda, buscar subsídios que nos coloquem em situação melhor do que a que estávamos.

Também é humildade colocar à disposição do próximo tudo o que já conseguimos amealhar em termos de conhecimento, pois se aprendemos e não utilizamos em benefício dos demais, de que adiantou a aquisição? Absolutamente nada, pois conhecimento guardado e não utilizado é bem semelhante a dinheiro guardado embaixo do colchão, como faziam antigamente, não rende juros nem correção monetária. O investimento ideal para o nosso conhecimento é dividi-lo com o maior número de pessoas possível, pois só assim ele atingirá o objetivo, que é fazer com que a luz ilumine a todos... alguma coisa como colocar a candeia sobre o alqueire e não debaixo dele.

9.4 Equilíbrio e contentamento

Contentamento então nem se fala... tem gente que pensa que ficar contente é rir de tudo. Ledo engano, pois "rir de tudo é desespero", como diz o Frejat na música *Amor pra recomeçar*.

Sabemos que existem situações que não são para que fiquemos contentes ou para que nos sintamos tão bem a ponto de rirmos ou, simplesmente, sorrirmos.

Se não tivermos o equilíbrio necessário, acabaremos fazendo uma nivelação por baixo, ocasionando a perda do nosso pensamento crítico, pois nos acostumaremos a rir de tudo e não teremos parâmetros para decidir entre o que é agradável e o que é desagradável, entre o que nos proporciona alegria e o que nos proporciona tristeza, tratando de maneira igual coisas tão diferentes, simplesmente porque rir faz bem. Claro que levar a vida de maneira a que não nos escandalizemos com o que vemos por aí é saudável, o que não é

MANOLO QUESADA

saudável é simplesmente rir de coisas que mereceriam uma posição mais firme em relação a elas.

Repetindo: rir é bom, mas rir de tudo é desespero!

Conclusão

A conclusão mais racional e lógica a que chegamos depois de termos lido tudo isso é: *evoluir é simples, nós é que complicamos.*

Realmente não nos resta alternativa, não adianta dificultarmos as coisas com raciocínios que dificultem a nossa caminhada, pois sabemos a nossa destinação final e o que fazer para que cheguemos lá. Se tomarmos caminhos tortuosos, caminhos que não nos deixem pensar com clareza, estaremos dificultando as coisas.

Ao contrário, se tivermos em nosso pensamento a figura de Jesus que, apesar de ser o espírito mais evoluído que por aqui passou, é, ao mesmo tempo, o mais simples de todos os seres que já conhecemos; veremos que basta caminharmos dentro de sua simplicidade para que nos superemos sem receios.

Todos nós sabemos que temos ajuda da espiritualidade para resolvermos as nossas questões mais desafiadoras, mas não podemos esquecer que a nossa parte é primordial para que a solução aconteça.

Sabemos de tudo isso; então, tratemos de exercitar os pontos que foram abordados nestas páginas para que, ao final de algum tempo, tenhamos como comparar a nossa vida antes e depois da decisão do exercício.

Os exercícios têm que ser constantes, pois não é o exercício que nos mudará, mas a constância com que os praticamos.

Com certeza, ainda não temos toda a capacidade desenvolvida a ponto de, todos os dias, estarmos de bem com a vida, haveremos de encontrar situações que ainda não saberemos administrar e, nesse momento, temos que compreender o que somos: espíritos em transformação, ainda não estamos aonde chegaremos, mas já iniciamos a jornada, já temos a certeza de que nossa vida será melhor amanhã, que teremos que exercitar o mais possível e que, hoje, estamos um dia mais perto do objetivo final: espíritos puros.

Muita paz a todos!

CITAÇÕES USADAS NESTA OBRA:

Bíblia Sagrada – Nova Versão Internacional. São Paulo: Sociedade Bíblica Internacional, 1993/2000.

O Evangelho Segundo o Espiritismo, de Allan Kardec. São Paulo: Petit, 2013.

O Livro dos Espíritos, de Allan Kardec. São Paulo: Petit, 2013.

O problema do ser, do destino e da dor, de Leon Denis. Rio de Janeiro: FEB, 1989.

Felicidade, de Lupicínio Rodrigues.

A barca de Gleyre, de Monteiro Lobato. São Paulo: Globo, 2010.

Paula e Bebeto, de Milton Nascimento.

Amor pra recomeçar, de Frejat.

LIVROS SUGERIDOS PARA QUEM QUISER SE APROFUNDAR NA TEMÁTICA DO PRINCÍPIO INTELIGENTE:

Obras de Allan Kardec:

O Livro dos Espíritos. São Paulo: Petit, 2013.

A Gênese. Rio de Janeiro: FEB, 2007.

Revista Espírita (1865). Araras, SP: IDE, 2000.

Revista Espírita (1866). Araras, SP: IDE, 1993.

Revista Espírita (1867). Araras, SP: IDE, 1999.

Revista Espírita (1868). Araras, SP: IDE, 1993.

Obras de José Herculano Pires:

Mediunidade: vida e comunicação. Conceituação da mediunidade e análise geral dos seus problemas atuais. São Paulo: EDICEL, 1987.

A evolução espiritual do homem (na perspectiva da doutrina espírita). São Paulo: Paideia, 2005.

Obras de Leon Denis:

Depois da morte. Rio de Janeiro: FEB, 1987.

O problema do ser, do destino e da dor. Rio de Janeiro: FEB, 1989.

Um bate-papo sincero e verdadeiro sobre diversos temas

Nada escapa à curiosidade dessas crianças!

Temas delicados, como sofrimento, suicídio, espiritismo e reencarnação, são tratados de uma forma bastante diferenciada nesta obra de Manolo Quesada. Por meio de perguntas e respostas, no melhor tom de bate-papo, o autor responde às perguntas e inquietações de suas netas, garotas muito curiosas e antenadas com as novidades do dia a dia.

Sucesso da Petit Editora!